Ludger Veelken, Silvia Gregarek, Bodo de Vries
Altern, Alter, Leben lernen

Altern • Bildung • Gesellschaft
Herausgegeben von Ludger Veelken

Band 13

Ludger Veelken, Silvia Gregarek, Bodo de Vries

Altern, Alter, Leben lernen

Geragogik kann man lehren

ATHENA

Bibliografische Information der Deutschen Bibliothek

Die Deutsche Bibliothek verzeichnet diese Publikation in der Deutschen Nationalbibliografie; detaillierte bibliografische Daten sind im Internet über <http://dnb.ddb.de> abrufbar.

1. Auflage 2005

Copyright © 2005 by ATHENA-Verlag,
Mellinghofer Straße 126, 46047 Oberhausen
www.athena-verlag.de

Alle Rechte vorbehalten

Druck und Bindung: Difo-Druck, Bamberg

Gedruckt auf alterungsbeständigem Papier (säurefrei)

Printed in Germany

ISBN 3-89896-238-5

Inhalt

Vorwort 7

Ludger Veelken:
Lehren – Lernen – Wohlfühlen
Geragogik der Lebenskunst

1	Lebenskunst	9
2	Geragogik der Lebenskunst	17
3	Geragogik als intergenerationelles Lernen	22
4	Geragogik im soziokulturellen Kontext	27
5	Literatur	29

Silvia Gregarek:
Fortbildung »Geragogik« – Konzept und Curriculum

1	Einführung	31
2	Curriculum	32
2.1	Begriffsbestimmung: Geragogik	32
2.1.1	Definition: Geragogik	35
2.1.2	Handlungsfelder der Geragogik	36
2.2	Ziele der Fortbildung »Geragogik«	40
2.3	Zielgruppen und Gruppengröße der Fortbildung »Geragogik«	40
2.4	Umfang und Dauer der Fortbildung »Geragogik«	41
2.5	Didaktik und Methodik der Fortbildung »Geragogik«	41
2.5.1	Begriffsbestimmung: Didaktik und Methodik	42
2.5.2	Offener Unterricht	43
2.5.3	Begriffsbestimmung: Bildung und Lernen	47
2.5.4	Elemente geragogischen Lernens	50
2.6	Aufbau und Struktur der Fortbildung »Geragogik«	52
2.6.1	Erste Phase: Motivation	55
2.6.2	Zweite Phase: Kenntnisse	56
2.6.3	Dritte Phase: Konzepte	57
2.6.4	Vierte Phase: Kompetenzen	58
2.7	Inhalte der Fortbildung »Geragogik«	60
2.7.1	Fachspezifische Schwerpunkte	61
2.7.2	Integration der fachspezifischen Schwerpunkte in die Phasenstruktur	64

2.7.3	Kontextbereiche	67
2.7.4	Integration der Kontextbereiche in die Phasenstruktur	75
2.8	Unterrichtsbeispiele: Wohnen mit altersbedingten körperlichen Einschränkungen	77
2.8.1	Unterrichtsbeispiel 1	78
2.8.2	Unterrichtsbeispiel 2	80
2.9	Unterrichtende der Fortbildung »Geragogik«	82
2.10	Abschluss der Fortbildung »Geragogik«	83
2.11	Qualitätssicherung der Fortbildung »Geragogik«	83
3	Evaluation der 1. Fortbildung »Geragogik«	85
4	Literatur	105

Bodo de Vries:
Geragogik – Ein Beitrag zum Wandel
der gesellschaftlichen Beziehungsgeflechte

1	Der Wandel der gesellschaftlichen Beziehungsgeflechte	107
1.1	Auswirkungen des Demographischen Wandels auf die Beziehungsgestaltung und Lebenswelt alter Menschen	109
1.2	Lebensweltorientierung als Haltung in der Begegnung älterer Menschen	111
1.3	Gesellschaftliche Anforderungen an die Geragogik	112
2	Geragogik als Beitrag zum Wandel der betrieblichen Milieus	113
2.1	Der Anteil älterer Arbeitnehmer an der Belegschaft in Betrieben und Verwaltungen	114
2.2	Auswirkungen der jugendzentrierten Personalpolitik und -steuerung	115
2.3	Lernen als Schlüssel für die Zukunftsfähigkeit von Betrieben und Verwaltungen	116
3	Geragogik als Beitrag zum Wandel der Altenpflege	121
3.1	Geragogik und soziale Betreuung in der Altenpflege	125
3.2	Geragogische Handlungsorientierung in der Altenpflege	126
4	Schlussbetrachtung	128
5	Literatur	128

Autorinnen und Autoren 131

Vorwort

Die Europäische Senioren-Akademie (ESA Caritas ESTA gGmbH) hatte in den Jahren 2003 bis 2005 die Aufgabe eine innovative Fortbildung zum geragogischen Lehren und Lernen zu entwickeln und umzusetzen. Zur Entwicklung und Umsetzung dieser Fortbildung wurde der Arbeitskreis Fortbildungen »Geragogik« gegründet.

In Zusammenarbeit mit dem Bildungsnetzwerk AMPEL (Arbeitsmarktpolitische Entwicklung und Lebenslanges Lernen), der Lernenden Region Kreis Borken, wurde im Rahmen des BMBF (Bundesministerium für Bildung und Forschung) Förderprogramms Lernende Regionen – Förderung von Netzwerken, im Jahr 2004 die 1. Fortbildung »Geragogik« von der Europäischen Senioren-Akademie realisiert.

Neben Herrn Prof. Dr. Ludger Veelken und Herrn Dr. Bodo de Vries arbeiteten Vertreterinnen und Vertreter verschiedener Bildungsträger und interessierte Bürgerinnen und Bürger aktiv an der Entwicklung und Umsetzung des Vorhabens mit. Die Projektleitung zur Entwicklung und Umsetzung der Fortbildung »Geragogik« oblag Silvia Gregarek als wissenschaftliche Mitarbeiterin im Kompetenzzentrum Übergang Beruf-Alter der Europäischen Senioren-Akademie.

Nach dem erfolgreichen Abschluss der 1. Fortbildung »Geragogik« werden mit diesem Buch unsere gemeinsam erarbeiteten theoretischen Grundlagen und praktischen Erfahrungen beim geragogischen Lehren dargelegt.

Das Buch »Altern, Alter, Leben lernen – Geragogik kann man lehren« mit Beiträgen von Ludger Veelken, Silvia Gregarek und Bodo de Vries, kann als Umsetzung und Konkretisierung der Ideen aus dem Buch »Reifen und Altern – Geragogik kann man lernen« (Veelken 2003) verstanden werden.

Die Fragen, warum man Geragogik lehren soll und wie man Geragogik lehren kann, werden beispielhaft beantwortet. Das Buch ist als Handreichung für die Praxis gedacht. Es soll Mutmacher und Ideengeber für haupt- und ehrenamtliche Multiplikatoren sein. Fachseminaren für Altenpflege, Mitarbeiterinnen und Mitarbeitern von Bildungsträgern und Sozialen Diensten aber auch Betrieben und Unternehmen, die sich mit den Auswirkungen des Demographischen Wandels auseinandersetzen und ihre Mitarbeiterinnen und Mitarbeiter schulen wollen, soll dieses Buch als Unterstützung dienen.

Im ersten Teil des Buches beschäftigt sich Ludger Veelken mit der Geragogik der Lebenskunst. Dabei stellt er den Zusammenhang vom Lehren, Lernen und Wohlfühlen her und erläutert seine Wichtigkeit für das eigene Leben und Lehren. Im zweiten Teil legt Silvia Gregarek das Konzept und Curriculum der Fortbildung »Geragogik« vor und wertet die 1. Fortbildung »Geragogik« aus. Diese Evaluation soll gleichzeitig als Anregung für weitere Fortbildungen dienen. Bodo de Vries setzt sich im dritten Teil des Buches mit der Geragogik im Wandel der gesellschaftlichen Beziehungsgeflechte auseinander. Dabei versteht er seinen Beitrag eher essayistisch beziehungsweise als Handlungsanforderung, die aus wissenschaftlichen Untersuchungen abgeleitet ist. Er geht insbesondere auf die Geragogik als Beitrag zum Wandel der betrieblichen Milieus und der Altenpflege ein.

Zugleich soll das Buch ein Dank an diejenigen sein, die es ermöglicht haben. Wir danken zuerst den Teilnehmenden der 1. Fortbildung »Geragogik«, die mit ihrem großen Interesse und Engagement für die Geragogik, zugleich die Geduld aufbrachten, als »Pioniere«, die 1. Fortbildung »Geragogik« zu gestalten. Wir danken dem Arbeitskreis Fortbildungen »Geragogik«, der in einer Vielzahl von Diskussionen und Treffen weder die Motivation noch den Mut verlor die 1. Fortbildung »Geragogik« zu realisieren. Des Weiteren danken wir der Europäischen Senioren-Akademie, deren großes Engagement für die Geragogik sich nicht nur in inhaltlichen Beiträgen, sondern auch im Umbau des Fortbildungshauses oder in der herausragenden Unterstützung durch das Sekretariat, äußerte. Unser besonderer Dank gilt dem Projektmanagement des Bildungsnetzwerkes AMPEL, der Lernenden Region Kreis Borken, für seine grundlegend ideelle und aktive personelle Unterstützung.

Wir wünschen allen Leserinnen und Lesern viel Spaß beim Lesen, Lernen und Lehren.

Ludger Veelken   Silvia Gregarek   Bodo de Vries

Ludger Veelken

Lehren – Lernen – Wohlfühlen
Geragogik der Lebenskunst

1 Lebenskunst

> *»Der Vorgang, bei dem der Mensch sich selbst zur Geburt bringt,*
> *führt zum Wohl-Sein (well-being)*
> *und hat die Freude am Leben als Begleiter«*
> (Fromm 2001: 20).

Es gibt Zeiten und Epochen, in denen gesellschaftliche Entwicklung und Entfaltung der Identität des Einzelnen, Lebensgeschichte und historischer Augenblick (Erikson), in geradezu dramatischer Weise miteinander vernetzt sind. Die Ungewissheiten, Unsicherheiten der Zeitepoche gehen einher mit der Orientierungslosigkeit der Menschen. Der Verlust vorgegebener Wegzeiger, Routenbeschreibungen für den Lebenslauf gehen einher mit dem Gefühl von größerer Freiheit, größeren Wahlmöglichkeiten.

Unsere Zeit der Moderne, Postmoderne, Zweiten Moderne, Anderen Moderne – je nachdem, welchem Denker man folgt – scheint so eine Epoche zu sein. Es gibt Zeitgenossen, die größere Transformationsprozesse zu beobachten glauben, verbunden mit Katastrophen wie Erdbeben, Überschwemmungen, Kriegen, Terroranschlägen, Epidemien, die zu neuen Formen menschlichen Bewusstseins anregen, anleiten, Zeiten, in denen Lebenslanges Lernen, Anleitung zur Lebenskunst, Selbstgestaltung und Strukturierung zur geradezu existentiellen Notwendigkeit werden.

»Die Lebenswelt impliziert Fragen der Lebenskunst; sie fordert die Kreativität heraus, und im Grunde dient jede kreative Betätigung der Lebenskunst« (Schmid 1998: 43).

Für Wilhelm Schmid treibt der historische Hintergrund im 5. Jahrhundert in Athen, die Ungewissheiten der damaligen Zeit, die Notwendigkeit der Selbstsorge hervor, die Lebenskunst, die die gesamte Lebensdauer für sich beansprucht und am Ende des Lebens doch fragmentarisch bleiben kann. Lebenslanges Lernen ist in diesem Fall verbunden mit einer Wegbegleitung. Auf die Frage, »Wie kann ich mein Leben führen?« weist er auf Pythagoras hin:

»Die theoretische Anleitung zu einer philosophischen Lebensführung geht in seiner Schule mit ihrer praktischen Einübung einher, und dies bezieht sich auf asketischen Umgang mit Lüsten, die Begründung von Freundschaft, die Übung des Schweigens, die allabendliche Selbstprüfung nach morgendlichem Vorsatz, die meditative Vorbereitung auf den Tod« (Schmid 1998: 28).

Lehren – Lernen – Wohlfühlen, eine »Geragogik der Lebenskunst« setzt hier an. Sie zeigt Aspekte der fördernden Lebensbegleitung in der Lebensphase Alter, die mit anderen Aspekten und Modellen vernetzt werden müssen. Sie zeigt auf, dass Lernen im Alter weder luxuriöse Freizeitgestaltung ist, noch allein der Verwertbarkeit menschlicher Kompetenz im gesellschaftlichen Kontext dienen muss. Sie hängt vielmehr zusammen mit einer notwendigen Selbstsorge und einer selbstgestalteten, strukturierten Lebensführung.

Mit dem Älterwerden und den Älteren in der Gesellschaft ist vielfach ein Begriff verbunden, wie er für nicht mehr gebrauchte Gegenstände, Materialien, Denkkonzepte üblich geworden ist: »Entsorgung«.

Dieses Bewusstsein ist ganz tief im modernen Denken verankert, Ältere gehören an den Rand, ihre Kompetenz ist nicht mehr gefragt. Von dem Augenblick an, wo sie den Arbeitsplatz verlassen, an dem sie möglicherweise Jahrzehnte innovative Modelle entworfen und erprobt haben, ist ihr Wissen von einem Tag auf den anderen nicht mehr gefragt. Umso notwendiger ist es, dass die Älteren selbst die Selbstsorge wieder entdecken.

»In einer Anderen Moderne wird es darauf ankommen, die auf allen Ebenen in Erscheinung tretende Entsorgungsmentalität aufzugeben und stattdessen die kluge Sorge des Selbst um sich, um Andere und um die Gesellschaft wieder wahrzunehmen« (Schmid 1998: 249).

Es geht dabei nicht primär um die Heilung von Krankheiten, sondern um die pflegliche Behandlung des Selbst und all dessen, was für das Selbst Bedeutung hat. Im Sinne Eriksons ist es der Aspekt der Teilhabe, des »take care«, etwa nach dem Motto: Nur wer für sich selbst sorgt, kann auch für Andere sorgen. Für den Bildungsbereich liegt hier der Ansatz für das Prinzip »Lernen und Wohlfühlen«.

Das hat mit der Lebensführung im »Ruhestand« zu tun. »Lebensführung heißt, das Gesetz des Handelns hinsichtlich des eigenen Lebens auf reflektierte Weise selbst wahrzunehmen, statt nur ein Objekt Anderer oder ein Produkt von Strukturen zu sein« (Schmid 1998: 117). Während des Berufslebens wurden weitgehend die Formen vorgegeben, die Zeitstrukturen, die Organisation, die die Vielfalt möglichen Verhaltens, alltäglichen Lebens, organisiert und Halt und Sicherheit, Orientierung und Struktur gegeben hatten. Jetzt ist ein anderer Weg frei geworden.

»Das Selbst strukturiert und gestaltet das Material, das das eigene Leben ist, überlässt diese Arbeit nicht mehr einem anonymen Sollen, sondern vollzieht sie gemäß einer eigenen Wahl, um dem Leben Stil und Form zu geben und eine Existenz des Maßes zu verwirklichen« (Schmid 1998: 166).

Es kann durchaus bis zu einem Jahr nach dem Ausscheiden aus dem Erwerbsleben dauern, bis sich die Erkenntnis, das Lebensgefühl durchsetzt, »Gestalte dein Leben so, dass es bejahenswert ist« (Schmid 1998: 169) oder »Und im Übrigen – heute liebe ich das Leben! Oder, mit den schlichten Worten eines zeitweilig populären Songs: It's a wonderful life« (Schmid 1998: 172).

Aber auch das ist nicht so einfach, denn es tauchen zwei Probleme auf: Freiheit und Wahl.

Nach dem Ausscheiden aus dem Erwerbsleben bedeutet Freiheit zunächst, frei sein von Notwendigkeiten. Lange schlafen, spät frühstücken, Zeitung lesen, Brötchen holen. »Vollkommen befreit, verharrt das Selbst nur noch in sich und kann mit sich allein doch nicht leben. So wird es von der neuerlichen Sehnsucht nach Bindung getrieben« (Schmid 1998: 113).

Denn für Schmid ist diese Form der *Freiheit von* vorgegebenen Notwendigkeiten nur die erste von drei Bedeutungen der Freiheit. »Die Freiheit von etwas kennzeichnet nur die Vorbereitungsphase und beruht auf dem Akt der Befreiung, nämlich sich lösen zu können von Bindungen, um sich Möglichkeiten zu verschaffen und nicht mehr nur den Notwendigkeiten zu unterliegen« (Schmid 1998: 114).

Dem folgt die *Freiheit zu* etwas, eine Konkretisierungsphase, in der genauer festgelegt wird, welche der neu gewonnenen Möglichkeiten nun realisiert werden sollen. Das bedeutet drittens eine erneute *Reduktion der Freiheitsmöglichkeiten*, um Möglichkeiten zu Wirklichkeit werden zu lassen und um neue Netzwerke, neue Bindungen einzugehen und Beziehungen neu zu knüpfen.

Die Entscheidung für eine dieser neuen Möglichkeiten bedeutet ein Aufgeben der gewonnenen Freiheit als Totalität, da, wenn auch aufgrund eigener Wahl, auf die Realisierung einer anderen Möglichkeit der Freiheit verzichtet wird. Wenn die gewählte Möglichkeit nicht in die Wirklichkeit, in die Realität des Alltags versetzt wird, bleibt die Freiheit leer, verbleibt sie im Raum der Möglichkeiten und schafft nicht das Wohlfühlen.

»Das ist das Freiheitsdilemma, aus dem es kein Entrinnen gibt: Die Freiheit von einer Gebundenheit, von einer Notwendigkeit, von einer Form, die vielleicht zu starr geworden ist, kann letztlich nur durch eine andere Formgebung, Notwendigkeit und Gebundenheit befestigt werden, die jedoch ihrerseits die Freiheit wieder bindet und begrenzt« (Schmid 1998: 115).

Wer – freigewählt, freibestimmt – in der zweiten Juliwoche einen Vortrag auf einer Tagung angenommen hat, kann nicht gleichzeitig an die Ostsee in den Urlaub fahren.

Ja, »Ruhestand« und die Qual der Wahl. Soll ich erst verreisen, mich sofort in der Gesellschaft engagieren, ein Seniorenstudium beginnen, erst Garten und Keller renovieren, oder einfach erst einmal den Tag auf mich zukommen lassen?

»Mangels Vorbereitung auf die Situation der Wahl wird das moderne Subjekt geradezu paralysiert von der schieren Zahl der Möglichkeiten, dem völligen Mangel an verlässlichen Kriterien, so dass es sich nicht in der Lage sieht, überhaupt zu wählen, oder aber von einer Wahl in die andere fällt, mit der Konsequenz, dass die Wahlakte sich wechselseitig aufheben und jede Kontinuität unterminieren« (Schmid 1998: 189).

Lernen bedeutet dann, sich mit dem Umfeld der ins Auge gefassten Wahl bekannt zu machen, die die Freiheit einer Möglichkeit in Realität umsetzt, sich mit den relevanten Aspekten vertraut zu machen und einen persönlichen Zugang zur gewählten Realität zu bekommen, sich mit ihr anzufreunden und das nicht als Einschränkung der neu gewonnenen Freiheit zu verstehen, sondern es zu verstehen als Eingrenzung der Freiheit auf der Basis einer frei von mir vorgenommenen Wahl. Die Aneinanderreihung der Umwandlung von Wahlmöglichkeiten in alltägliche Wirklichkeiten ergibt dann die Konstruktion der Identität im »Ruhestand«.

Erikson und Schmid benutzen hier für die Beschreibung der Identität den Begriff »Kohärenz«: »Damit kehren wir zu unserer Behauptung zurück, dass der vorherrschende syntone Zug der letzten Phase Integrität ist. Das ist in seiner einfachsten Bedeutung natürlich ein Gefühl von Kohärenz und Ganzheit (coherence and wholeness)« (Erikson 1988: 83). Für Schmid – nicht auf das Alter bezogen – ist Kohärenz »das Gefüge, das die vielen Aspekte des Ichs in einem vielfarbigen Selbst in einen wechselseitigen Zusammenhang bringt« (Schmid 1998: 252).

Auch der »Ruhestand« – so würden wir übertragen – wird als zusammenhängendes Ganzes erlebt, in den die Bestandteile des Selbst, die verschiedenen frei gewählten neuen Realitäten der Freiheit zusammenwachsen. Identität als Kohärenz und Konstrukt, oder auch als Identitätskonstruktion, die dem Leben eine neue Form gibt und in der Lebenskunst bewusst und reflektiert hergestellt wird.

»Vor allem aber bietet die Kohärenz die Möglichkeit einer wechselseitigen Ergänzung und somit vollen Entfaltung von Sensibilität und Urteilskraft, um ein schönes Leben zu realisieren und schließlich ein bejahenswertes Selbst zu gestalten, barock in seiner Vielfältigkeit anstelle der Einförmigkeit und Schmucklosigkeit einer Identität, ›eukosmisch‹, wohlgeordnet, in guter Gesellschaft mit sich selbst und ein Mitglied der Gesellschaft, mit sich selbst befreundet und gerade aus diesem Grund fähig zur Freundschaft mit Anderen« (Schmid 1998: 257).

Die Lebenskunst, die Kunst des Lebens, kann nach Erich Fromm als Wahl zwischen verschiedenen Lebensweisen verstanden werden. Im Einzelnen lassen sich unterscheiden:

- Freude am Leben versus Verlustangst und Depressivität
- Produktive Tätigkeit und innere Aktivität versus Passivität und blinden Aktionismus
- Kreativität versus Langeweile
- Selbsterleben in Eigenkräften versus Kampf gegen drohenden Selbstverlust
- Spiritualität versus Sinnlosigkeit und Kompensation
- Liebe zum Leben versus Trennungsangst und Angst vor dem Tod

Diese verschiedenen Elemente der Kunst des Lebens sollen im einzelnen genauer dargestellt werden, wobei die Aussagen von Erich Fromm (2001) zugrunde gelegt und angeführt werden.

Freude am Leben versus Verlustangst und Depressivität

Der Verlust des Arbeitsplatzes, des Berufes, die Veränderung der Familienarbeit, der Verlust des menschlichen Umfeldes können zu Verlustängsten führen, die mit Depressivität gepaart sind. Einsetzende Krankheiten, die möglicherweise chronischer Art sind und mit Multimorbidität verbunden sind, können das Gefühl veranlassen, dass das Leben eigentlich schon vorbei ist. Man kann vielleicht noch dieses und das tun, ein letztes

Mal nach Indien fahren, noch einmal einen Aufsatz schreiben, aber das Gefühl »Dies ist meine erste Indienreise nach meiner Pensionierung«, oder »Ich habe noch folgende neue Schwerpunkte, auf die ich mich konzentrieren will in der Zukunft«, bedarf einer bewusstseinsmäßigen Umstellung.

Erich Fromm weist darauf hin, dass es für den Menschen eine Energiequelle gibt, die rein physischer Natur ist. Sie wurzelt in der Chemie unseres Körpers. Von dieser Energiequelle wissen wir, dass sie etwa ab dem 25. Lebensjahr langsam wieder abnimmt. Aber für Fromm gibt es noch eine andere Energie. Diese entspringt unserem Bezogensein auf die Welt, unserem Interessiertsein.

Man wird dann nicht müde. Man spürt eine Energie aufkommen, die nicht erwartet wurde. Man spürt ein tiefes Gefühl von Freude. Als Beispiele führt er alte Menschen an, die das erlebt haben:

»Bei achtzigjährigen Menschen, die ein Leben intensiver Bezogenheit, Liebe, Betroffenheit, Interessiertheit gelebt haben, kann man die tatsächlich überraschende und überwältigende Beobachtung machen, dass diese Menschen ganz frisch und voller Energie sind, ohne dass diese Frische und Energie etwas mit ihrer Körperchemie und den Quellen zu tun hätte, die ihnen ihr Körper zur Verfügung stellt« (Fromm 2001: 77).

Freude, Energie, Glück – sie alle hängen vom Grad unserer Bezogenheit und Interessiertheit ab und der produktive Mensch erweckt alles zum Leben, was er berührt. Er gibt seinen eigenen Fähigkeiten Leben und schenkt anderen Menschen und Dingen Leben.

Für Erich Fromm braucht der Mensch – psychisch gesehen – sein Leben lang, um sich selbst zur Geburt zu bringen. Denn Leben bedeutet zu wachsen und tätig zu sein. Das kann nach Fromm aber auch verfehlt werden. »Er kann sich dabei aber auch verlieren; er kann zu jedem Zeitpunkt seiner Entwicklung aufhören zu wachsen und als psychischer Krüppel in Destruktivität, Depression, Liebesunfähigkeit und Isolation enden« (Fromm 2001: 19).

Produktive Tätigkeit und innere Aktivität versus Passivität und blinden Aktionismus

Aktivität, produktives Tätigsein wird bei Fromm nicht verstanden im Sinne von Geschäftigkeit, sondern im Sinne eines inneren Tätigseins. Es geht um den produktiven Gebrauch der menschlichen Kräfte. »Tätigsein heißt, seinen Anlagen, seinen Talenten, dem Reichtum menschlicher Gaben Ausdruck zu verleihen, mit denen jeder – wenn auch in verschiedenem Maß – ausgestattet ist. Es bedeutet, sich selbst zu erneuern, zu wachsen, sich zu verströmen, zu lieben, das Gefängnis des eigenen isolierten Ichs zu transzendieren, sich zu interessieren, zu lauschen, zu geben« (Fromm 2001: 72).

Ein solches Tätigsein, das aus innerer Aktivität entspringt, ist dann ein Prozess des Gebärens und Hervorbringens. Es resultiert aus Bezogenheit und Interessiertheit. Dieses Engagement hat nicht den Zweck, Langeweile zu vermeiden – reisen, trinken, essen, kaufen mehr und mehr und mehr, sollte das Langeweile sein? »Der ewige Säugling, der nicht nur auf die Flasche wartet, sondern für den alles zur Flasche wird, der nie eine Selbstaktivität entwickelt« (Fromm 2001: 80).

Kreativität versus Langeweile

Produktivität und Kreativität sind für Erich Fromm die Fähigkeit des Menschen seine Kräfte zu nutzen und die in ihm angelegten Möglichkeiten zu verwirklichen. Kreativität gibt es für ihn nur, wenn wir bereit sind, täglich neu geboren zu werden. »Jede neu erworbene Fähigkeit, Sprechen, Laufen, Essen bedeutet gleichzeitig das Verlassen eines früheren Zustandes« (Fromm 2001: 97).

Der produktive Mensch beseelt alles in seiner Umgebung. »Nur wenn der Mensch an dem interessiert ist, was er schafft – dann ist er glücklich, fühlt er seine eigene Wesenkraft bestätigt, kann er sie ausdrücken, ist er nicht isoliert, fühlt er sich verbunden mit der Welt und nicht ohnmächtig« (Fromm 2001: 93).

Langeweile ist für Fromm eine der furchtbarsten Plagen, die es gibt. »Die Langeweile kommt daher, dass der Mensch zum reinen Instrument geworden ist, dass er keine Initiative entwickelt, keine Verantwortung besitzt, dass er sich nur als Rädchen in einer Maschine fühlt, das man jederzeit durch ein anderes ersetzen kann« (Fromm 2001: 92). Die Gesellschaft, die Vergnügungsindustrie, unsere Partys und Freizeitgestaltungen, Wochenendevents, Weinfeste in den Städten, Gourmettempel auf den Marktplätzen, all das sind für Fromm zum größten Teil nichts anderes, als Versuche, auf anständige Weise die Langeweile des Wartens zu beseitigen.

Selbsterleben in Eigenkräften
versus Kampf gegen drohenden Selbstverlust

Freude am Leben, Produktivität, Aktivität und Kreativität ergeben die Fähigkeit, aus seinen eigenen psychischen, geistigen und körperlichen

Wachstumskräften zu leben, sie zu fühlen, sich ihrer zu vergewissern. »Jeder Mensch braucht unbedingt ein Gefühl seiner selbst, ein Identitätsgefühl. Wir würden wahnsinnig werden, hätten wir nicht dieses »Selbst«-Gefühl. Doch dieses Identitätsgefühl ist je nach der Kultur, in der wir leben ein anderes« (Fromm 2001: 99).

Ich erlebe mich einerseits schöpferisch als Urheber meiner Taten und erlebe andererseits, dass ich in einem größeren Ganzen nur Werkzeug bin. Das aber bedeutet nicht Selbstverlust, sondern das Gefühl, ein Ganzes zu sein und gleichzeitig ein Teil innerhalb eines anderen Ganzen.

Spiritualität versus Sinnlosigkeit und Kompensation

Für Erich Fromm wird der Mensch geboren mit gewissen in seiner Existenz liegenden Notwendigkeiten, so mit der Tatsache, dass jeder Mensch ein System der Orientierung und der Hingabe haben muss. »Denn das Tier muss sich seinen Weg nicht aussuchen, das Tier ist schon prädeterminiert, so zu handeln, wie es richtig ist; es hat in dieser Hinsicht keine Probleme. Der Mensch braucht einen Rahmen der Orientierung und ein Objekt der Hingabe« (Fromm 2001: 108).

Individualisierung, Pluralisierung der Lebenswelten, Wahlfreiheiten und Orientierungslosigkeit lassen viele Menschen fragen: Wer bin ich? Hat das Leben einen Sinn? Was kann ich planen oder tun, um der Sinnlosigkeit, Langeweile und der Verzweiflung zu entgehen, die daraus folgt, dass ich keinen Kern, kein Zentrum habe?

»Ohne eine ›Landkarte‹ unserer natürlichen und gesellschaftlichen Umwelt, ohne ein strukturiertes und kohärentes Bild der Welt und des Platzes, den wir darin einnehmen, wäre der Mensch verwirrt und unfähig, zielgerichtet und konsequent zu handeln, denn er hätte keine Orientierungsmöglichkeit und fände keinen festen Punkt, der es ihm gestattet, alle die Eindrücke zu ordnen, die auf ihn einstürmen« (Fromm 2001: 110).

Dieser Prozess dauert ein Leben lang, er ist Teil des Lebenslangen Lernens. »Glauben in der Existenzweise des Seins heißt, den gesamten Lebensprozess als einen Geburtsprozess anzusehen und keine Stufe des Lebens als endgültige zu betrachten« (Fromm 2001: 112).

Liebe zum Leben versus Trennungsangst und Angst vor dem Tod

Auch die Liebe zum Leben ist für Erich Fromm ein lebenslanger Prozess. Wie bereits erläutert, benötigt für Fromm der Mensch psychisch gesehen sein Leben lang, um sich selbst ganz zur Geburt zu bringen.

»Leben bedeutet zu wachsen und ›tätig‹ zu sein; endet das Wachstum, setzen Verfall und Tod ein. [...] Hierzu bedarf es einer permanenten Bemühung, die in sich lustvoll ist, doch er wird zu ihr nicht ›getrieben‹, wie bei einem instinktiv motivierten Verhalten« (Fromm 2001: 19). Dieser Prozess, »bei dem der Mensch sich selbst zur Geburt bringt, führt zu Wohl-Sein (well-being) und hat die Freude am Leben als Begleiter« (Fromm 2001: 20).

Wohlfühlen, Wohl-Sein, well-being sind gebunden an dieses Bewusstsein eines ganz praktischen lebenslangen Einübens, Lernens, Strukturierens der Lebenskonzepte, die Wege des Lebens festzulegen und schließlich zu finden. »Das Glück für den Menschen liegt in der Liebe zum Leben, und das ist etwas sehr Aktives: in der Freude an einer Pflanze, in der Freude an einer Landschaft, in der Freude an Musik, in all dem, in dem der Mensch seine ihm eingegebenen Fähigkeiten, die teilweise natürlicher und teilweise kultureller Art sind, benutzen kann, etwas zu schaffen« (Fromm 2001: 85).

Im Alternsprozess kann der Mensch beginnen, nicht mehr verhaftet zu sein, loszulassen, sich zu lösen. »Aber gilt das auch in Bezug auf die Angst, das Leben zu verlieren, die Angst vor dem Sterben? Haben alle Menschen Angst vor dem Sterben? Oder nur Alte und Kranke? Oder belastet das Wissen, dass wir sterben müssen, unser ganzes Leben und wird die Angst vor dem Sterben nur intensiver und bewusster, je näher wir durch Alter und Krankheit an die Grenzen des Lebens gelangen?« (Fromm 2001: 117). Für Erich Fromm gibt es nur einen Weg, diese Angst wirklich zu überwinden: »Buddha, Jesus, die Stoiker, Meister Eckhart haben ihn uns gelehrt: sich nicht an das Leben zu klammern, es nicht als einen Besitz zu betrachten« (Fromm 2001: 121).

Wir haben einen weiten Bogen gemacht, um Aspekte und Elemente einer Kunst des Lebens, einer Lebenskunst aufzuzeigen. Nun geht es darum, zu beschreiben, wie dieser Weg fördernd begleitet werden kann. Ich nenne das die »Geragogik der Lebenskunst«.

2 Geragogik der Lebenskunst

Wer in Pension geht, dem »Ruhestand« entgegengeht, in Rente geht, lebt weiter. Er hat eine zweifache Aufgabe zu lösen. Zunächst muss er die Entwicklungsaufgabe in seiner Lebensphase erkennen und danach sein Leben einrichten. Er lebt weiter in Kontakt zur Welt und Gesellschaft, er klinkt sich nicht aus der Umwelt aus, aber sein Verhältnis zur Gesellschaft ändert sich. Er ist nicht mehr aufgefordert, seinen Platz in der Gesellschaft einzunehmen, er braucht keine dritte Karriere in linearer Fortsetzung früherer Karrieren. Er ist nicht mehr verhaftet an Funktionen, Aufgaben, Institutionen – dem indischen *vanaprastha* entsprechend (Veelken 2003: 49) – er ist aufgefordert, Teil der Gesellschaft zu sein, aber loszulassen.

Der »Ruheständler« verliert durch die Aufgabe des Berufs einen Großteil seiner bisherigen Rollen. Rollen sind Erwartungen Anderer. Bisher wusste er, wer etwas von ihm erwartete, wer ihm Rollen zuschrieb, wem er in seiner Erwerbsarbeit begegnete. Jetzt ist dort eine weiße Fläche. Niemand fragt mehr. Seine in Jahrzehnten gewachsene Kompetenz wird nicht mehr gebraucht. Ja, es scheint so, als wenn er nur noch stört, als wenn die »Neuen« alles ohne Rückgriff auf gewachsene Strukturen besser machen wollen. »Antworte nicht, wenn du nicht gefragt wirst. Aber lebe so, dass du gefragt wirst« – habe ich einmal bei Kim da Silva gelernt.

Wer auf den »Ruhestand« zugeht, sollte sich neue Rollen vorbereiten, neue Erwartungen bei Anderen wecken, ohne soziale Identität ist die Identität nur die Hälfte. Das ist das eine, dazu kommt, dass der ältere Mensch jenseits der Erwerbsarbeitszeit die Möglichkeit hat, eigene Wünsche, Lebensvorstellungen, Vorhaben, Träume zu verwirklichen. Dieses Zusammenspiel der verschiedenen Linien, die Aufgabe der Lebensphase und die Übernahme neuer Rollen kann als Lebenskunst bezeichnet werden.

In der modernen Gesellschaft, die gekennzeichnet ist durch Individualisierung und Pluralisierung der Lebenswelten, durch Patchworklebensläufe, Patchworkfamilien, muss diese Lebenskunst neu gelernt werden. So betont Erich Fromm: »Ziehen wir die Widerstände und Schwierigkeiten in Betracht, mit denen wir bei der Kunst des Lebens zu kämpfen haben, dann können wir kaum hoffen, sie ohne Anleitungen zu erlernen. Darum war seit jeher die Aufgabe der Meister des Lebens, zur Kunst des Lebens anzuleiten. Dies gilt zum Beispiel für Lao-Tse, Buddha, die Propheten, Jesus, Thomas von Aquin, Meister Eckhart, Paracelsus, Spinoza, Goethe, Marx und Schweitzer von denen die meisten auch Meister des Denkens waren« (Fromm 2001: 20).

Fromm weist darauf hin, dass für bestimmte Gesellschaften, die man heute gern als primitiv bezeichnet, nicht die Wirtschaft der dominierende Zug des Lebens war, sondern die Entwicklung des Menschen. Er betont, dass, wenn wir nicht wollen, dass eine Weltkatastrophe die Menschheitsgeschichte beenden wird, wir wieder zu einer Gesellschaftsform kommen müssen, in der der Mensch wieder zum Maß aller Dinge wird, wo es auf den Menschen ankommt, wo es darauf ankommt, den Menschen zu verstehen und nicht auf das Wissen, wie er am besten funktioniert.

Dies gilt insbesondere für die Menschen, die als »Ruheständler« aus der Erwerbsgesellschaft herausgefallen sind und bei denen versucht wird, sie wieder zu integrieren, vielfach aber aus dem Blickwinkel von Institutionen und Organisationen, die durch die Werbung für bürgerschaftliches Engagement neue »Arbeitskräfte zum Nulltarif« suchen.

In Weiterführung der Gedanken von Wilhelm Schmid zur Pädagogik der Lebenskunst werden einige Aspekte einer Geragogik der Lebenskunst sichtbar. Geragogik ist dabei zu verstehen als Weiterführung von Pädagogik und Andragogik/Erwachsenenbildung, was im folgenden Beitrag dieses Buches genauer erläutert wird.

Die Geragogik der Lebenskunst bietet ein Lernangebot, um sich in der Welt zurechtzufinden, sich zu orientieren, sich seine Welt gemäß der eigenen Perspektive zu gestalten und sie sich nach dem Ausscheiden aus dem Erwerbsleben wieder neu anzueignen. Schmid bezeichnet diesen Vorgang der Welterklärung als Hermeneutik: »Die Hermeneutik als Kunst, sich in der Welt zurechtzufinden, ist ein Bestandteil der Selbstsorge und wichtigstes Element der orientierenden Lebensführung; sie dient dazu sich im Gestrüpp der Strukturen, der Bedingungen und Möglichkeiten zu orientieren, Sinn und Bedeutung zu finden und auf dieser Grundlage eine Wahl zu treffen« (Schmid 1998: 286).

Diese Eigenorientierung durch Geragogik ist wichtig, damit der Einzelne nicht von der Deutungsmacht Anderer abhängig wird, sondern eigene Bedeutungen für die Zeit jenseits der Erwerbsarbeit setzen und leben kann, einen eigenen Sinn finden kann. Die Geragogik der Lebenskunst »klärt die Zusammenhänge und stellt auf diese Weise ein Sinngefüge von Selbst und Welt her; ›im Leben Sinn zu finden‹ meint nichts anderes als Zusammenhänge ausfindig zu machen und sich in sie einzufügen; ›dem Leben Sinn zu geben‹ aber heißt diese Zusammenhänge selbst zu gestalten« (Schmid 1998: 294). Denn »zu leben zu verstehen heißt, den von einer Perspektive eröffneten Raum auf kunstvolle Weise mit Sinn und Bedeutung auszufüllen, um eine bejahenswerte Existenz zu verwirklichen« (Schmid 1998: 295).

Denn eine »ergrauende Gesellschaft«, eine Gesellschaft in der Menschen in großer Zahl immer älter werden und in der der einzelne Lebenslauf immer länger wird, hat es noch nie gegeben. Im Prozess der

Evolution muss es einen Sinn machen, dass so viele Menschen immer älter werden, eine so lange Lebenszeit haben und vor der Aufgabe stehen, sie sinnvoll auszufüllen. Die Geragogik der Lebenskunst, geragogische Aus-, Fort- und Weiterbildung sind hier notwendige Zukunftsaufgaben. Sie entwickeln, fördern und erproben Wege in der modernen Gesellschaft, in neuen Lernmodellen – möglichst generationsübergreifend – um Menschen in allen Lebensaltern zu begegnen und sie fördernd zu begleiten.

Denn im Prozess des Alterns bleibt der Mensch ein Mensch. Er wird nicht zu einer anderen Spezies Säugetier. Auch die grundlegenden Muster der Entwicklungsförderung bleiben ähnlich. Dennoch ändert sich die Entwicklungsförderung je nach Lebensalter. Wer mit den Modellen der Pädagogik als der Lehre von der Förderung von Kindern und Jugendlichen Lebenslanges Lernen und Lernen im Alter bewerkstelligen will, ähnelt dem, der den Kinderärzten, den Pädiatern, nun auch noch die Altersmedizin, die Geriatrie aufbürden und zumuten will. Im Bereich Medizin wird dieses Problem schnell ersichtlich, im Bereich Bildung tun viele sich damit schwer, da Lernen im Alter kein eigenes Entwicklungsziel in der Gerontologie Deutschlands darstellt.

Im Einzelnen lassen sich in den Lebensphasen Kindheit (Pädagogik), Erwachsenenalter (Andragogik/Erwachsenenbildung) und Alter (Geragogik) drei Elemente unterscheiden: Lernen lernen, Sozialkompetenz lernen, Orientierung finden (Die Beispiele sind Ergebnisse von Seminardiskussionen und stellen keine Gesamtdarstellung der Einzeldisziplinen dar.).

Kinder erlernen die Grundbegriffe und Methoden des Lernens. Es geht darum, ihre intellektuellen Fähigkeiten zu fördern. Am Lernanfang entdecken sie neue Lernziele, sie lernen die Balance zwischen ernsthaftem Arbeiten und Spaß haben auszuhalten. Lernen dient der Unterstützung des Weges ins Leben, in die Selbständigkeit, das Aufwecken von Neugier, die Stärkung des Selbstbewusstseins, der Identität durch Leistung und Leistungsbereitschaft. Kinder lernen, in Gemeinschaft zu leben. Durch die Vermittlung von Normen und Werten, dem Erlernen von Regeln, der Einübung von Toleranz und gewaltfreiem, partnerschaftlichem Miteinander bekommen sie eine Orientierung in der Welt, die in den Rahmen einer Weltanschauung, Philosophie oder Religion eingebaut wird.

Die *Andragogik/Erwachsenenbildung* als Lebenslanges Lernen begreift Lernen als berufsbezogene und außerberufliche Weiterbildung. Es geht darum, Wissen auf den jeweils neuesten Stand zu bringen, Möglichkeiten zu erleben, neue Kenntnisse zu bekommen, Grundkenntnisse für neue Lebensbereiche zu vermitteln und zu vertiefen durch selbstbestimmtes und reflexives Lernen. Horizonterweiterung, Freude am Lernen mit Gleichgesinnten, Offenheit für unbekannte Felder, ein spielerisches sich Einlassen auf Andere, unbekannte Denkansätze, die Entdeckung unbekannten Terrains fördern die Persönlichkeitsentwicklung und Identität als Teilhabe an der Gesellschaft. Die Orientierung in der sich wandelnden Kultur und Gesellschaft geht damit einher, sich für neue Arbeitsmarktsituationen zu qualifizieren, sich darauf einzulassen und darin zurechtzufinden.

Lebenslanges Lernen in der *Geragogik* endet nicht mit dem 50. Lebensjahr und endet nicht mit dem Ausscheiden aus dem Erwerbsleben. Es geht darum, Lebenserfahrung nicht brachliegen zu lassen, sich mit dem Weiterlernen zu beschäftigen, neue Lernziele zu entdecken, neue Lernfelder zu erproben, Spaß am Lernen zu bewahren und sich dennoch ernsthaft mit Neuem zu beschäftigen, Neugier zu befriedigen und geistige Vielfalt auszubauen. Der Reifungsprozess ist nicht abgeschlossen. Alltagsbewältigung, eigenes Handeln planbar zu machen, die Bewältigung der neuen Lebenssituation des »Ruhestandes«, der Jahrzehnte dauern kann, sind Aufgaben des Erlernens von Sozialkompetenzen. Orientierung in der gewandelten Welt wird durch neues Lernen im Alter ermöglicht und notwendig.

Vergleicht man Pädagogik und Geragogik miteinander, so ergeben sich folgende Übereinstimmungen: Der Reifungsprozess und die Entfaltung der Identität sind nicht beendet. Beide Generationen befinden sich an einem Neuanfang. Es geht bei beiden um das Lernen und Weiterlernen zur Erlangung von Sozialkompetenzen. Lernen dient Kindern, Jugendlichen und Älteren für die Orientierung in Kultur und Gesellschaft.

Voraussetzungen für diese Aufgaben sind eine hohe Motivation, eine umfassende Kenntnis der Lebensfelder, die Entwicklung praktikabler Konzepte und der Erwerb einer verwurzelten Kompetenz. Im Rahmen des Arbeitskreises Fortbildungen »Geragogik« der Europäischen Senioren-Akademie wurde ein komplexes Modell entwickelt, das diesen Herausforderungen gerecht wird und mit dem sich der folgende Beitrag dieses Buches ausführlich auseinandersetzt.

3 Geragogik als intergenerationelles Lernen

Die Geragogik der Lebenskunst richtet sich zwar an Ältere, sie steht aber im Zusammenhang mit Pädagogik und Andragogik/Erwachsenenbildung. Wie der menschliche Lebenslauf ein Entwicklungsprozess ist, so ist auch die Aufeinanderfolge von Pädagogik, Andragogik und Geragogik ein sich entwickelnder Prozess zur Förderung der Lebensgestaltung. *Pädagogik* ist die Förderung von Kindern und Jugendlichen in ihrem Prozess des Lernens, des Kennenlernens von Leben und Gesellschaft. *Andragogik* unterstützt Erwachsene in ihrer Aufgabe, in die Gesellschaft hineinzuwachsen und *Geragogik* fördert ältere Menschen beim Prozess des langsamen Sich – Lösens, des Nicht mehr – Verhaftet – Seins an ihr Umfeld, wobei sie weiterhin daran teilnehmen.

Denn, wie Wilber sagt: »Kein Holon evaluiert für sich allein, weil kein Holon je für sich allein ist, sondern sie alle als Felder in Feldern existieren. Man spricht deshalb von Koevolution, was einfach bedeutet, dass nicht das vereinzelte Holon (das einzelne Molekül, die einzelne Pflanze, das einzelne Tier) die ›Grundeinheit‹ der Evolution ist, sondern Holon plus Umwelt (wir würden ergänzen die einzelne Lebensphase/Generation plus die anderen Generationen), da beide nicht voneinander zu sondern sind. Alles Evolutionsdenken ist also von Hause aus ökologisch« (Wilber 1996: 81).

Lehren – Lernen – Wohlfühlen, ein wesentliches Element in diesem Zusammenhang ist das intergenerationelle Lernen, das Miteinander der Generationen im Lernprozess. Lernen geschieht nicht im Generationenghetto, es vollendet sich im Austausch von Jung und Alt. Die Erfahrungen der Älteren und das Zukunftsgespür der Jüngeren verbinden sich zu einer gemeinsamen Gestaltung der Lebenskunst. Die Geragogik der Lebenskunst ist ein generationsübergreifendes Programm.

Die Vernetzung von Jung und Alt im Lernprozess ist ein komplexer Vorgang. Er soll unter Bezugnahme auf die Aussagen von Ken Wilber (1996) auseinandergefaltet und verdeutlicht werden. Ken Wilber unterscheidet drei Formen menschlicher Interaktion in systemischer Sicht:

- Hierarchie (Herrschaftshierarchie)
- Heterarchie
- Holarchie

Zunächst gilt, dass eine Hierarchie aus Haufen Ganzheiten macht, aus vereinzelten Bruchstücken Netzwerke der Interaktion. Nun lassen sich dabei drei Varianten unterscheiden.

Hierarchie (Herrschaftshierarchie)

Herrschaftshierarchien sind auf Gewalt oder Gewaltandrohung basierende menschliche Hierarchien. Sie »hemmen nicht nur die persönliche Kreativität, sondern erzeugen auch ein soziales System, das die niedrigsten menschlichen Eigenschaften verstärkt und das höhere Streben (etwa Züge wie Mitgefühl und Einfühlungsvermögen, Wahrheits- und Gerechtigkeitsliebe) systematisch unterdrückt« (Wilber 1996: 43).

Das Miteinander der Generationen ist vielfach als Herrschaftshierarchie zu bezeichnen. Ältere glauben aufgrund ihrer Erfahrung und Lebenskenntnis über Jüngere bestimmen zu können. Dieses Senioritätsprinzip war in alten Gesellschaften bestimmend für das Generationenverhältnis. Erst durch eine besondere Initiation, einen genau festgelegten Initiationsritus gelangten junge Menschen in eine Lebenssituation jenseits dieses Senioritätsprinzips. Damit ist nicht gemeint, die Achtung der Jüngeren vor den Älteren wäre kein wichtiger Wert. Vielmehr ist davon auszugehen, dass in modernen Gesellschaften das Senioritäsprinzip ergänzt werden muss um ein Modernisierungsprinzip, das den Respekt der Älteren vor den Kenntnissen der Jüngeren, sich in der modernen Welt zurechtzufinden, beinhaltet.

Im gemeinsamen Studium von Jüngern und Älteren an der Universität – so die Ergebnisse der Untersuchungen zum Weiterbildenden Studium von Seniorinnen und Senioren an der Universität Dortmund – konnte festgestellt werden, dass jüngere Studierende es kritisieren, wenn ältere Studierende ihnen nur aufgrund ihres Alters Vorhaltungen machen oder glauben sie maßregeln zu können.

Heterarchie

Auch die Heterarchie ein Modell, bei dem alle Ideen gleich sind, eignet sich nicht zur Erklärung des Generationenverhältnisses und kann nicht als geltend angesehen werden. Im intergenerationellen Studium äußern die jüngeren Studierenden ihre Kritik daran, wenn Ältere sich als auch noch jung, oder als genauso jung, wie die Jüngeren, bezeichnen. Das entspricht nicht der wahren Situation, da die Kriegskindergeneration andere Erfahrungen gemacht hat als die Generation, die mit den Gefahren und Chancen der Globalisierung aufwächst (vgl. Radebold 2005).

Holarchie

Der Sachverhalt, den Wilber mit Holarchie bezeichnet, kann in unserem Fall als Erklärungsmodell herangezogen werden. Holarchien haben die

Funktion, das Potential des Organismus zu vergrößern. Es gibt hierbei nur »Ganz/Teile«. Das, was auf einer bestimmten Stufe ein Ganzes ist, ist auf der nächsten Stufe Teil eines größeren Ganzen. Jedes tiefere oder höhere Holon umfängt seine Vorläufer, das »Senior-Holon« seine »Junior-Holons«, und fügt dann sein eigenes neues und umfassenderes Holon hinzu, um eine neue Ganzheit zu bilden. Das Verhältnis der Teile zueinander ist eine gestufte und in Stadien verlaufende Entfaltung größerer Netzwerke von zunehmender Ganzheit.

So kann die Generation der Älteren als »Senior-Holon« bezeichnet werden, die der Jüngeren als »Junior-Holon«. Beide Generationen bilden in sich eine Ganzheit, sie sind aber nur Teile einer größeren Ganzheit, der Gesellschaft. Weder die Senioren noch die Kinder und Jugendlichen bilden die Ganzheit, sondern erst die Vernetzung miteinander. Dieses statische Strukturmodell wird ergänzt um die Dynamik der Entwicklung im Lebenslauf.

Menschliches Leben entfaltet sich im Lebenslauf, der in Phasen verläuft und in jeder Phase eine Entwicklungsaufgabe zu lösen hat. *Kinder* lernen, *Jugendliche und junge Erwachsene* wachsen in die Gesellschaft hinein durch Beruf, Familie, Partnerschaften. Die *Jungen Alten* sind weiterhin Mitglieder der Gesellschaft, stehen aber vor der Aufgabe, nach dem Erwerbsleben oder dem Ende der Familienarbeit nach Auszug der erwachsenen Kinder nicht mehr verhaftet zu sein, weiterhin in Selbstgestaltung und Strukturierung in gesellschaftlicher Teilhabe zu leben, aber loszulassen (vgl. Veelken 2003). Die *Alten Alten* und *Hochaltrigen* zeigen, wie gelebtes Leben sich in einen Sinn fassen kann, wie die verschiedenen Teile ineinander integriert werden können, was als Weisheit des Alters bezeichnet wird. Dieser Prozess kann mit der Theorie Wilbers erklärt werden.

»Unter normaler oder natürlicher Holarchie verstehen wir eine gestufte oder in Stadien verlaufende Entfaltung größerer Netzwerke von zunehmender Ganzheit, wobei die größeren und umfassenderen Ganzheiten die darunter liegenden beeinflussen können« (Wilber 1996: 42). Die Evolution schreitet unumkehrbar zu mehr Differenzierung/Integration, mehr struktureller Organisation und mehr Komplexität fort. Der Jüngere wird älter, sein Leben wird komplexer, die Lebensstruktur differenzierter. Und dieser Prozess ist nicht umkehrbar: Man kann nicht wieder 17 sein. Eine Eichel wächst zu einer Eiche heran aber nicht umgekehrt.

Ein anderes Erklärungsmodell bietet Seon-O Yoon an. Nach Yoon wurde schon in der altchinesischen Weisheitslehre ein Wandlungszyklus von Yin – das Ruhige, Dunkle – und Yang – das Bewegte, Helle – beobachtet. Die gesamte Lebensentwicklung des Menschen kann unter diesem Wandlungsmuster von Yin und Yang betrachtet und erklärt werden. Wichtig für unseren Zusammenhang ist, dass die Eigenschaften des Yang, wie »beweglicher, stärker, vielfältiger, kämpferischer« den jüngeren Menschen zugeordnet werden. Die Eigenschaften des Yin, wie »Integrationskraft, Passivität, Eigentlichkeit und Friedlichkeit« nehmen im Alter ständig zu. Der Ältere »sieht die Dinge und Erscheinungen nicht unter analytischem Gesichtspunkt, sondern durch die übersichtlichen und umfassenderen Augen. Die umfassende, intensive und ganzheitliche Einsicht in die Dinge und Erscheinungen wird stetig verstärkt« (Yoon 1998: 80).

Die Vernetzung dieses komplexen Entfaltungs- und Wandlungsprozesses der Generationen bildet das intergenerationelle Lernen, die Koevolution der Generationen, die Geragogik der Lebenskunst.

Auch der Jugendsoziologe und Gerontologe Leopold Rosenmayr fordert: »Man kann in der Tat an Problemen der *Jugend* nicht arbeiten, ohne an den Einfluss auf die Einstellung der *älteren* Menschen und an die gesellschaftlichen Machtkerne und Strategien zu denken, von denen die Jugendlichen und die jungen Erwachsenen abhängen. ›Jugendarbeit‹ bedeutet heute auch *Erziehungsarbeit an allen Generationen*, und sie ist Selbsterziehung aller Erzieher, aller Jugendarbeiter und auch der Jugendwissenschaftler. ›Altenbildung‹ wird so zum Ergänzungsfeld von Jugendarbeit. Eine verbesserte Hilfe für die Jugend setzt den Versuch einer Weiterbildung und einer Hilfe zur Weiterentwicklung auch bei den Älteren voraus. Hier ist, bei aller Offenheit für das konkrete Detail, ein umfassender Blick vonnöten« (Rosenmayr 1992: 299).

Für den Zusammenhang von Lehren – Lernen – Wohlfühlen hat das Konsequenzen für die Lehre: Lehrende respektieren beide Gruppierungen und Generationen in ihrer Eigenkompetenz. Im Sinne einer reflexiven Geragogik kann intergenerationelles Lernen dazu genutzt werden, das eigene Leben, die eigene Identitätsentfaltung in der Spiegelung durch die jeweils andere Generation zu überdenken und so zur Selbstorientierung beitragen. Vorbedingung ist eine Lernform, die dem Austausch, dem exchange learning, entspricht.

Vor einigen Jahren entwickelten wir 11 Thesen zu intergenerationellen Programmen:

> Wie kann der Generationendialog gelingen?
> 11 Thesen zu intergenerationellen Programmen
> 1. Die gesellschaftlichen Veränderungen führen zu neuen Möglichkeiten intergenerationeller Begegnungen.
> 2. Intergenerationelle Programme setzen ein Verständnis von Bildung und Lernen als lebensweltbezogenen Erkenntnisprozess voraus.
> 3. Intergenerationelle Programme setzen einen kritisch-reflexiven Dialog der Generationen voraus.
> 4. Altenbildung und Kinder- und Jugendarbeit ergänzen sich gegenseitig.
> 5. Die Generationen brauchen einander und lehren und lernen miteinander.
> 6. Das Zusammensein der Generationen ist natürlich.
> 7. Jede Institution ist ein intergenerationelles Programm. [z. B.: Kindergarten, Schule, Fachschule, Altersheim]
> 8. Die Generationen haben in ihrem Lebenslauf je verschiedene Erfahrungen gemacht, in der modernen Gesellschaft gleichen sich Jung und Alt mehr und mehr an.
> 9. Probleme entstehen unter anderem dadurch, dass Senioritätsprinzip und Modernisierungsprinzip im dialektischen Verhältnis stehen.
> 10. Intergenerationelle Programme sind eine globale und interkulturelle Herausforderung.
> 11. Lebenslanges Lernen ist interkulturelles/intergenerationelles Lernen.
>
> Prof. Dr. Ludger Veelken
> Silvia Gregarek
> Universität Dortmund
> Soziale Gerontologie und Sozialgeragogik

Wie kann man sich nun konkret so ein Zentrum für intergenerationelles Lehren – Lernen – Wohlfühlen vorstellen?

Der Zusammenhang vom Lehren – Lernen – Wohlfühlen versteht sich als Integration von body, mind und spirit – Körper, Geist und Seele.

Die baulichen Voraussetzungen können entweder in einem Gesamtkomplex gegeben sein, wie etwa in der Planung in Annaberg-Buchholz, oder sich auf verschiedene Gebäudekomplexe erstrecken, wie möglicherweise in einem Kurort. In jedem Fall geht es um einen *Bereich für das Wohlfühlen* als Bad, Wellnessbereich, Fitnessanlage, Sportgelände für neue Sportarten, event-room, Bar und Restaurant, Café, Küchenbereich und um einen *Bereich für das Lehren und Lernen*, wie ein Seminargebäude, Seminarräume, Vortragssaal, Lounge, Pausenraum. Die Möglichkeit gemeinsam in einem schönen Gebäude zu wohnen, erhöht den Wert vom Lehren, Lernen und Wohlfühlen.

Dabei sind Möglichkeiten des gemeinsamen Lernens von Jung und Alt denkbar, bei denen von beiden Gruppierungen interessierende Themenstellungen, wie etwa Globalisierung, Wertewandel und Lebensorientierung, Probleme gemeinsamen Lebens, Lernens, Wohnens gemeinsam erarbeitet werden. Andererseits sind Modelle denkbar, bei denen Jüngere die Begegnung mit Älteren lernen, wie Altenpflegerinnen und Altenpfleger, Soziale Dienste, Mitarbeiterinnen und Mitarbeiter in Bildungseinrichtungen, oder wo Ältere die Begegnung mit Jüngeren lernen, wie in Kindergärten, Schulen oder der außerschulischen Jugendarbeit.

Zum Lernen und Wohlfühlen der *Älteren* sind denkbar: Ansprache der Sinnesorgane, Ruhezonen, Wassertemperaturen von 30-34 Grad, Aromaduschen, Lichttherapie, Massagen, Tanz, Musik, Singen, Spiele, Sauna, behindertengerechtes Bauen (Zugang für Rollstühle und Rollatoren, Rampen und Aufzüge, behindertengerechte Zugänge zum Bad, Auswahl an geeigneten Zimmern). Zum Lernen und Wohlfühlen der *Jüngeren* kann angeregt werden: Kreative Angebote und gemeinsame Ziele, Mitbestimmung, Freiräume für Jüngere, Wohnen in preiswerten Unterkünften, Volleyball, PC, politische Arbeit, fachliche Ausrichtung und Zertifizierung. (Die Beispiele wurden in einer Seminararbeit erarbeitet.).

Wichtig ist die Vernetzung mit der Region (Schulen, Kindergärten, Hotels, Altenheime, Altenzentren, Bildungszentren).

Ein Begegnungszentrum zum Lehren – Lernen – Wohlfühlen für Jung und Alt dient letztlich der Entfaltung der Identität, es ist ein Identitätszentrum. Zur Gestaltung der Lebenskunst hat es die Aufgaben der Beratung, der Verbindung von Theorie und Praxis und der Aus-, Fort- und Weiterbildung.

4   Geragogik im soziokulturellen Kontext

Geragogik der Lebenskunst ist eingebettet in einen größeren Kontext, der durch einen dreifachen Wandel gegeben ist:

Der *Demographische Wandel* beinhaltet zunächst das Anwachsen der Zahl Älterer in modernen Gesellschaften. In den kommenden Jahrzehnten ist mit einem prozentualen Anteil von 40% Älteren zu rechnen. Es ist die Generation der »Babyboomer«, die in ihrem Leben von Reformen, sexueller Revolution, neuen Lebensstilen und anderen Bildungsbiografien geprägt wurde. Aber auch die zu erwartende Lebenszeit steigt an. Immer mehr Menschen werden als 90-Jährige an die biologische Grenze von 120 Jahren herankommen. Nach dem Ausscheiden aus dem Erwerbsleben haben die Menschen noch mehrere Jahrzehnte Lebenszeit vor sich. Diese Zeit kann genutzt werden, sie kann als Zeit der Lebenskunst begriffen werden. Kann man sich ein modernes Land vorstellen, in dem 40% der Bevölkerung nicht mehr lernen, sich nicht weiterbilden, sondern sich den Jahrzehnten unreflektiert überlassen? Und kann man sich eine Universitätslandschaft vorstellen, die auf diese neuen Herausforderungen nicht reagiert, vielmehr statt die Wissenschaftsdisziplin Geragogik einzurichten, auf die vorhandene und erprobte Pädagogik verweist, so wie man einem Internisten, der in einer Klinik für Ältere arbeiten will, raten würde, sich in einer Kinderklinik mit einem Pädiater in Verbindung zu setzen, um die Begegnung mit alten Menschen zu erlernen?

Der *Soziale Wandel*, der Wechsel von der Industriegesellschaft zur Anderen Moderne ist wie der Wechsel eines Kulturschocks, den die Älteren in ihrer Biografie erlebt haben. Für Ältere stellt sich das »Problem der kulturellen Identität« (Singer), weil sie das Terrain früherer kultureller Bezugssysteme – die Gesellschaft der 20er bis 60er Jahre – verlassen haben und auf der Suche nach »neuen identitätsverbürgenden Deutungssystemen« (Habermas) sind. Sie befinden sich in einer »Zwischenzeit« (Houston), einem Zustand der »betweenness« (Clifford). Identität wird zum Prozess, wird »eine Form neuerlichen Abreisens« (Trinh T. Minh-ha). Man gehört nicht mehr zur Kultur der 50er Jahre, ist aber noch nicht richtig angekommen im Jahr 2005. »Die Rückkehr zu einem Ursprung kann es schon allein deswegen nicht geben, weil der Kontext der Herkunft nicht so bleibt wie er war, als man ihn verlassen hat« (Singer 1997: 130). Ohne Lernen, ohne eine Geragogik der Lebenskunst ist die immer neue Orientierung nicht möglich.

Der *Globale Wandel*, die Globalisierung bedeutet, dass in der Welt nichts mehr ein auf nur ein bestimmtes Land bezogener, begrenzter Vorgang ist. Neben nationale Aktivitäten treten transnationale Akteure. Globaler Wandel bezieht sich auf alle Aspekte des Lebens, Finanzwelt, Kultur, Medien, Politik, Bildung etc. Die weltweit sich ergebenden Problemlagen Armut, Umwelt, interkulturelle Kontakte, Generationskonflikte, Alphabetisierung, Aids/HIV sind miteinander vernetzt. Immer mehr Gruppen sind in Bewegung, überschreiten Grenzen, Arbeitsmigranten, Touristen, Flüchtlinge, Exilanten. Transnationale Lebensformen entstehen. Neue Kooperationsformen auch im Bereich nichtstaatlicher Organisationen – NGO – entstehen. Ohne Lernen ist die Balance, der Wechsel zwischen Globalisierung und Regionalisierung, Globalisierung und Lokalisierung »Glokalisierung« (Beck), zwischen Universalismus und Kulturrelativismus nicht zu verstehen, nicht zu erleben, nicht zu bearbeiten.

Geragogik der Lebenskunst wird zum interkulturellen/intergenerationellen Projekt.

5   Literatur

Erikson, Erik Homburger (1988): Der vollständige Lebenszyklus. Frankfurt a. M.: Suhrkamp

Fromm, Erich (2001): Die Kunst des Lebens – Zwischen Haben und Sein. Freiburg: Herder

Radebold, Hartmut (2005): Die dunklen Schatten unserer Vergangenheit. Stuttgart: Klett-Cotta

Rosenmayr, Leopold (1992): Die Schnüre vom Himmel – Forschung und Theorie zum kulturellen Wandel. Wien; Köln; Weimar: Böhlau

Schmid, Wilhelm (1998): Philosophie der Lebenskunst – Eine Grundlegung. Frankfurt a. M.: Suhrkamp

Singer, Mona (1997): Fremd. Bestimmung – Zur kulturellen Verortung von Identität. Tübingen: Edition Discord

Veelken, Ludger (2003): Reifen und Altern – Geragogik kann man lernen. Oberhausen: Athena

Wilber, Ken (1996): Eros, Kosmos, Logos. Eine Vision an der Schwelle zum nächsten Jahrtausend. Frankfurt a. M.: Krüger

Yoon, Seon-O (1998): Das Alter und die Gesundheit – Die Anwendung der alten chinesischen Weisheitslehre in der modernen Lebenswelt älterer Menschen. Oberhausen: Athena

Silvia Gregarek

Fortbildung »Geragogik« – Konzept und Curriculum

1 Einführung

Das Curriculum der Fortbildung »Geragogik« wurde in Zusammenarbeit mit dem Arbeitskreis Fortbildungen »Geragogik« der Europäischen Senioren-Akademie[1] erarbeitet. Im Rahmen des BMBF Förderprogramms Lernende Regionen – Förderung von Netzwerken[2] hatte die Europäische Senioren-Akademie die Aufgabe, zusammen mit dem Bildungsnetzwerk AMPEL[3] eine innovative Fortbildung zur Begleitung des Lehrens und Lernens im Alter mit verschiedenen Bildungsträgern zu entwickeln und exemplarisch umzusetzen.

Die vielen anregenden und ausführlichen Diskussionen im Netzwerk AMPEL und im Arbeitskreis Fortbildungen »Geragogik« spiegeln sich im Aufbau und Inhalt des Curriculums der Fortbildung »Geragogik« wider. Sie führten auch dazu, dass ein Curriculum entwickelt wurde, das dem Konzept »Lehren – Lernen – Wohlfühlen« entspricht und sehr gut als Modell auf andere Fortbildungen übertragen werden kann.

Das Curriculum der Fortbildung »Geragogik« beginnt mit der notwendigen Begriffsbestimmung von Geragogik. Hier wird die dem Curriculum zugrunde gelegte Definition von Geragogik ebenso gegeben, wie die verschiedenen Handlungsfelder der Geragogik mit ihren spezifischen Zielen und Zielgruppen beschrieben werden. Im Anschluss daran werden Ziele, Zielgruppen, Umfang und Dauer der Fortbildung »Geragogik« erläutert. Didaktik und Methodik, Aufbau und Struktur und Inhalte bilden im Curriculum der Fortbildung »Geragogik« eine Einheit.

---

[1] Europäische Senioren-Akademie (ESA Caritas ESTA gGmbH): www.europaeische-senioren-akademie.de.
[2] Lernende Regionen – Förderung von Netzwerken. Förderprogramm des BMBF und der EU (Europäischer Sozialfond): www.lernende-regionen.info.
[3] Netzwerk AMPEL = Arbeitsmarktpolitische Entwicklung und Lebenslanges Lernen. Name der Lernenden Region Kreis Borken. Lernende Region im Förderprogramm Lernende Regionen – Förderung von Netzwerken des BMBF und der EU (Europäischer Sozialfond): www.netzwerk-ampel.de.

Nur zum besseren Verständnis werden sie hier ausführlich einzeln erläutert. Zusammengeführt werden sie in den anschließenden Unterrichtsbeispielen. Danach wird zu den Unterrichtenden, zum Abschluss und zur Qualitätssicherung der Fortbildung »Geragogik« Stellung genommen.

Die 1. Fortbildung »Geragogik«, die von April bis Dezember 2004 in Ahaus durchgeführt wurde, wird daran anschließend exemplarisch ausgewertet und auf ihre Nachhaltigkeit und Übertragbarkeit geprüft.

Zwei Zitate von Gouldner (1974) zogen sich wie ein roter Faden durch die Arbeit des Arbeitskreises und durch die 1. Fortbildung »Geragogik«. Sie umschreiben brillant den Kern des Curriculums der Fortbildung »Geragogik« und rahmen es deshalb auch hier ein.

2 Curriculum

>*»Das Wissen des Wissenden von sich selbst, dessen also,*
>*wer, was und wo er ist, einerseits, und*
>*sein Wissen von Anderen und ihrer sozialen Welt andererseits,*
>*sind zwei Seiten eines einzigen Prozesses«*
>(Gouldner 1974: 579).

2.1 Begriffsbestimmung: Geragogik

Der Begriff »Geragogik« wurde Anfang der 50er Jahre des letzten Jahrhunderts erstmals benutzt und von verschiedenen Wissenschaftlerinnen und Wissenschaftlern aufgenommen. Zu Beginn wurde unter Geragogik die »Wissenschaft von den pädagogischen Bedingungen, Voraussetzungen und Folgeerscheinungen des Alterungsprozesses« verstanden.

Diese pädagogische Linie hat sich mit der Zeit verändert. In der Literatur werden in Bezug auf Geragogik verschiedene Akzente gesetzt. Einige Wissenschaftlerinnen und Wissenschaftler siedeln Geragogik zwischen Erziehungswissenschaft und Gerontologie an. Andere weiten das Konzept der Geragogik aus und bezeichnen Bildungsangebote für ältere Menschen als Geragogik und soziotherapeutische Begegnungsfelder Älterer als Sozialgeragogik. Wieder andere Wissenschaftlerinnen und Wissenschaftler benutzen Geragogik und Sozialgeragogik synonym, oder wenden den Begriff »Geragogik« nur auf den heilpädagogischen Bereich an (vgl. Wallraven; Becker; Veelken 2000: 11).

Fortbildung »Geragogik« – Konzept und Curriculum

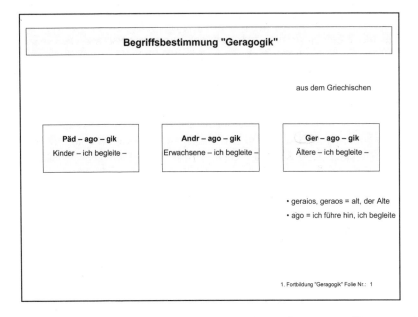

Im Curriculum der Fortbildung »Geragogik« wird vom Begriff »Geragogik« ausgegangen. Der Begriff »Geragogik« kommt aus dem Griechischen und setzt sich aus zwei Wortstämmen zusammen:

- geraios, geraos: alt, der Alte
- ago: ich führe hin, ich begleite, ich zeige den Weg

Damit bedeutet der Begriff »Geragogik« Hinführung zum Alter oder Begleitung des Alterns (vgl. Veelken 2000: 88).

Bezogen auf den menschlichen Lebenslauf, ist Geragogik die Fortführung der Pädagogik und Andragogik: So wie unter Pädagogik die erziehungswissenschaftliche Forschung und die Anwendung ihrer Erkenntnisse auf Kinder und unter Andragogik die auf Erwachsene verstanden wird, wird unter Geragogik die erziehungswissenschaftliche Forschung und die Anwendung ihrer Ergebnisse auf ältere Menschen verstanden. Dabei wird Erziehungswissenschaft hier als Wissenschaft von der Entwicklung der ganzen Persönlichkeit und als lebenslange dialogische Begleitung aufgefasst.

Erzieherisches Handeln kann und soll nicht mehr oder weniger sein als dialogische Begleitung der Integration (der ›Herstellung‹ eines Ganzen) des Individuums (des unmittelbaren Ganzen) als Persönlichkeit (vgl. Krawitz 1992: 10).

Bezogen auf die Gerontologie (Alter[n]swissenschaft) ist Geragogik die Wissenschaft, die sich mit den erziehungswissenschaftlichen beziehungsweise lebensbegleitenden Prozessen des Alterns auseinandersetzt. So wie sich die Biologie des Alterns schwerpunktmäßig mit den biologischen, die Geriatrie und Gerontopsychiatrie mit den medizinischen, die Pflegewissenschaft mit der Altenpflege, die Gerontopsychologie mit den psychologischen und die Gerontosoziologie mit den soziologischen, sozialpolitischen und sozialwissenschaftlichen Prozessen des Alterns auseinandersetzt, setzt sich die Geragogik mit den erziehungswissenschaftlichen beziehungsweise lebensbegleitenden Prozessen des Alterns auseinander.[4]

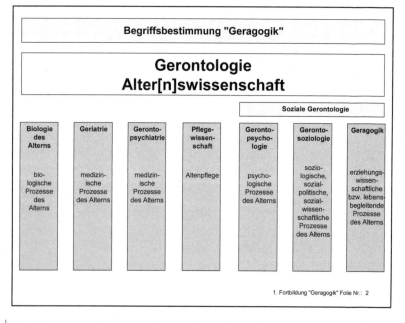

Die Wissenschaft Geragogik integriert die erziehungswissenschaftlichen beziehungsweise lebensbegleitenden Aspekte der Biologie des Alterns, der Geriatrie, Gerontopsychiatrie, Pflegewissenschaft, Gerontopsychologie und der Gerontosoziologie, ergänzt diese um die Felder Bildung,

---

[4] Die Zuordnung der Einzelwissenschaften der Gerontologie differiert je nach Fachrichtung und Wissenschaftlerin oder Wissenschaftler. Die hier dargestellte Zuordnung folgt weitgehend der Zuordnung der DGGG (Deutsche Gesellschaft für Gerontologie und Geriatrie).

Freizeit und Kultur und setzt die gerontologischen Erkenntnisse in die Praxis des Lehrens und Lernens um.

2.1.1 Definition: Geragogik

Für das Curriculum der Fortbildung »Geragogik« werden Geragogik und Sozialgeragogik nicht differenziert, sondern synonym benutzt und folgendermaßen definiert:
Geragogik ist die Wissenschaft der Grundlagen und Wege der Lebensbegleitung älterer Erwachsener und alter Menschen, die Theorie und Praxis geragogischer Aus-, Fort- und Weiterbildung und die Theorie und Praxis der Altenbildung. Diese Definition entspricht der internationalen Definition von »Educational Gerontology« (vgl. Veelken 2000: 88).

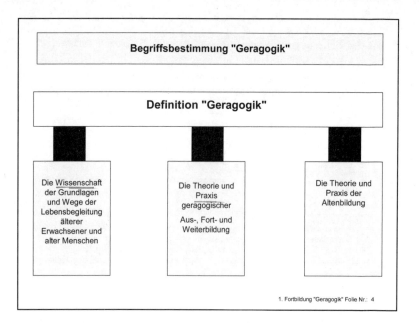

2.1.2 Handlungsfelder der Geragogik

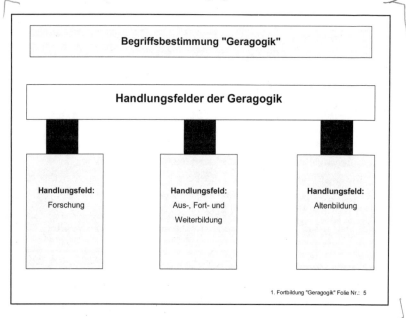

Fortbildung »Geragogik« – Konzept und Curriculum

Geragogik gliedert sich in drei unterschiedliche Handlungsfelder, die sich aus der genannten Definition von Geragogik ableiten. Das heißt Geragogik gliedert sich in das Handlungsfeld »Forschung«, »Aus-, Fort- und Weiterbildung« und »Altenbildung«. Entsprechend dieser Handlungsfelder ergeben sich unterschiedliche Ziele und Zielgruppen der Geragogik. Im Folgenden werden die einzelnen Handlungsfelder der Geragogik mit ihren jeweiligen Zielen und Zielgruppen beschrieben (vgl. Veelken 2003: 60ff).

Handlungsfeld: Forschung

Geragogische Forschung integriert, wie bereits beim Bezug der Geragogik auf die Gerontologie ausgeführt wurde, die erziehungswissenschaftlichen beziehungsweise lebensbegleitenden Aspekte der biologischen, geriatrischen, gerontopsychiatrischen, pflegewissenschaftlichen, gerontopsychologischen und gerontosoziologischen Forschung. Diese wird ergänzt um die Felder Bildung, Freizeit und Kultur und setzt sich mit der Umsetzung aller gerontologischen Erkenntnisse in die Praxis des Lehrens und Lernens auseinander.

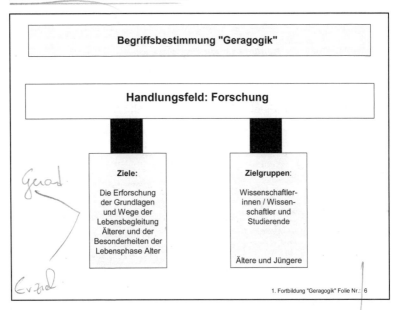

Die Ziele geragogischer Forschung sind die Erforschung der Grundlagen und Wege der Lebensbegleitung älterer Erwachsener und alter Menschen, sowie die Umsetzung der gerontologischen Erkenntnisse in die Praxis des Lehrens und Lernens.

Die Zielgruppen geragogischer Forschung sind Wissenschaftlerinnen, Wissenschaftler und Studierende. Sie umfassen ältere und jüngere Menschen in ihren verschiedenen Lebensphasen.

Handlungsfeld: Aus-, Fort- und Weiterbildung

Geragogische Aus-, Fort- und Weiterbildung umfasst das Lehren und Lernen der Begleitung älterer Menschen und der Besonderheiten der Lebensphase Alter. Es geht um die Integration der biologischen, geriatrischen, gerontopsychiatrischen, pflegewissenschaftlichen, gerontopsychologischen, gerontosoziologischen und geragogischen Forschungsergebnisse in das Lehren und Lernen der Begleitung älterer Menschen und der Besonderheiten der Lebensphase Alter. Geragogischer Aus-, Fort- und Weiterbildung sind Aspekte der geragogischen Forschung und der Altenbildung inhärent.

Die Ziele geragogischer Aus-, Fort- und Weiterbildung sind das Lehren und Lernen der Begleitung älterer Menschen und der Besonderheiten der Lebensphase Alter.

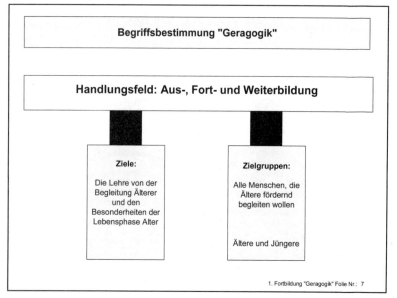

Die Zielgruppen geragogischer Aus-, Fort- und Weiterbildung umfassen alle Menschen, die Ältere fördernd begleiten und die Lebensphase Alter detailliert kennen lernen wollen. Auch sie umfassen ältere und jüngere Menschen in ihren verschiedenen Lebensphasen.

Das Curriculum der Fortbildung »Geragogik« ist im Kontext geragogischer Wissenschaft als Forschungsergebnis dieses Handlungsfeldes »Aus-, Fort- und Weiterbildung« zu verstehen. Zugleich sind die Forschungsergebnisse der anderen beiden Handlungsfelder der Geragogik, die der »Forschung« und die der »Altenbildung«, integrale Bestandteile dieses Curriculums.

Handlungsfeld: Altenbildung

Unter Altenbildung werden Bildungsangebote für ältere Menschen zu allgemeinen und/oder altersspezifischen Themen verstanden. Damit kann sich Altenbildung sowohl mit Aspekten geragogischer Forschung, als auch mit Aspekten geragogischer Aus-, Fort- und Weiterbildung befassen.

Die Ziele der Altenbildung sind die allgemeine und/oder altersspezifische Bildung älterer Menschen.

Die Zielgruppen der Altenbildung sind ausschließlich ältere Menschen, die ein Bildungsinteresse haben.

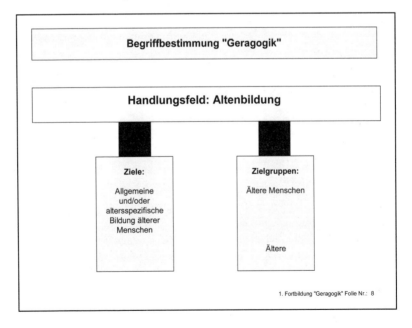

2.2 Ziele der Fortbildung »Geragogik«

Bei der Zielformulierung sind die Ziele der Veranstaltenden beziehungsweise Lehrenden und die der Lernenden zu differenzieren. Für die Lernenden hat die Fortbildung »Geragogik« das Ziel, zur Geragogin beziehungsweise zum Geragogen auszubilden. In der Fortbildung sollen die Lernenden die Besonderheiten der Lebensphase Alter detailliert kennen lernen und die Fach-, Methoden-, Sozial- und Personalkompetenzen erlangen, die sie in die Lage versetzen, den Lebenslauf und den Sozialisationsprozess älterer Erwachsener und alter Menschen fördernd zu begleiten (vgl. Veelken 2000: 92).

Es geht also nicht, wie in der Altenbildung, um ein Bildungsinteresse älterer Menschen und nicht, wie in der Forschung, um die geragogische Erforschung der Grundlagen und Wege der Lebensbegleitung älterer Erwachsener und alter Menschen, sondern in der Fortbildung »Geragogik« geht es um das Lehren und Lernen der fördernden Begleitung älterer Menschen und der Besonderheiten der Lebensphase Alter.

Diese Besonderheiten konkretisieren sich an den lebensweltlichen Rahmenbedingungen älterer Menschen und damit an Kontextbereichen wie »Wohnen«, »Freizeit und Kultur«, »Familie, Partnerschaft und Sexualität«, »Lebensperspektiven«, »Verlust, Tod und Sterben«, »Gesundheit« und »Lernen und Bildung«, auf die im Folgenden noch detailliert eingegangen wird.

Für die Veranstaltenden beziehungsweise für die Lehrenden hat die Fortbildung »Geragogik« das Ziel regionale Multiplikatoren auszubilden, das bürgerschaftliche Engagement zu erhöhen und neue Lebensperspektiven zu schaffen.

2.3 Zielgruppen und Gruppengröße der Fortbildung »Geragogik«

Die Zielgruppen der Fortbildung »Geragogik« leiten sich von den Zielgruppen der Geragogik im Handlungsfeld »Aus-, Fort- und Weiterbildung« und von den Zielen der Fortbildung »Geragogik« ab. Die Zielgruppen der Fortbildung »Geragogik« umfassen sowohl ältere als auch jüngere Menschen, die im beruflichen oder privaten Kontext mit älteren Menschen arbeiten und sich mit der fördernden Begleitung älterer Erwachsener und alter Menschen und den Besonderheiten der Lebensphase

Alter auseinander setzen möchten. Von daher können die Zielgruppen der Fortbildung »Geragogik« immer auch Multiplikatoren sein.

Die Gruppengröße der Fortbildung »Geragogik« umfasst idealerweise 15 Personen.

2.4 Umfang und Dauer der Fortbildung »Geragogik«

Der Umfang der 1. Fortbildung »Geragogik« umfasst insgesamt 120 Unterrichtsstunden. Eine Kompaktphase ist integraler Bestandteil der Fortbildung »Geragogik«.

Die Dauer der Fortbildung »Geragogik« ist abhängig von ihrer Organisation. Findet die Fortbildung nur abends oder an Wochenenden statt, kann ihre Dauer bis zu einem Jahr betragen. Findet sie in Unterrichtsblöcken statt, ist es möglich, 120 Unterrichtsstunden in drei Wochen zu absolvieren.

2.5 Didaktik und Methodik der Fortbildung »Geragogik«

Die Fortbildung »Geragogik« ist davon geprägt, dass ihre Didaktik und Methodik, ihr Aufbau und ihre Struktur sowie ihre Inhalte nicht voneinander zu trennen sind. Die Trennung wird hier ausschließlich zum besseren Verständnis vollzogen. Dieses dialektische Verhältnis von Didaktik und Methodik, Aufbau und Struktur sowie der Inhalte bedingt, dass die Fortbildung »Geragogik« nur als gemeinsamer Prozess des Lehrens und Lernens verstanden werden kann.

Dieser gemeinsame Prozess des Lehrens und Lernens wird im Folgenden ausführlich beschrieben. Während in diesem Teil der Einheit »Didaktik und Methodik, Aufbau und Struktur und Inhalte« das didaktisch-methodische Konzept der Fortbildung »Geragogik« erläutert wird, kann eine ausführliche Begründung für dieses Konzept erst im folgenden Teil der Einheit, also mit den Erläuterungen zu Aufbau und Struktur der Fortbildung gegeben werden. Mit der Integration der differenzierten Inhalte in den gemeinsamen Prozess des Lehrens und Lernens beschäftigt sich der daran anschließende Teil.

In diesem Teil werden zunächst die Begriffe Didaktik und Methodik erklärt. Im Anschluss daran wird ausführlich auf das der Fortbildung hinterlegte didaktische Konzept des »Offenen Unterrichts« eingegangen. Danach werden sowohl die Begriffe Bildung und Lernen, als auch die Elemente geragogischen Lernens erörtert.

2.5.1 Begriffsbestimmung: Didaktik und Methodik

Begriffsbestimmung: Didaktik

Der Begriff »Didaktik« kommt aus dem Griechischen und heißt ein Zweifaches:
- didáskein: lehren, belehren und lernen, belehrt werden

Damit geht es in der Didaktik immer um das Lehren und Lernen (vgl. Schilling 1993: 24).

Das bedeutet, wenn der Begriff »Didaktik«, wie dies meistens geschieht, mit »Kunst des Lehrens« übersetzt wird, wird dabei der Aspekt des Lernens vernachlässigt. In der Fortbildung »Geragogik« wird unter Didaktik die »Kunst das Lehrens und Lernens« verstanden.

In der Erziehungswissenschaft werden des Weiteren die Begriffe »allgemeine Didaktik« und »spezielle Didaktik« unterschieden. Der Begriff »allgemeine Didaktik« wird unterschiedlich verwendet; zum einen als Unterrichtslehre, das heißt als Wissenschaft vom Unterricht und zum anderen als Bildungslehre, das heißt als Theorie der Bildungsinhalte und des Lehrplans. Zudem gibt es die »spezielle Didaktik«, die so genannte »Fachdidaktik«, darunter ist die Bildungstheorie der einzelnen Fächer zu verstehen (vgl. www.wissen.de. 23.09.03).

Begriffsbestimmung: Methodik
Der Begriff »Methodik« kommt ebenfalls aus dem Griechischen und setzt sich aus zwei Wortstämmen zusammen:
- metá: nach, mit, zwischen
- hodós: Weg
- méthodos: der Weg zu etwas hin

Das heißt, in der Methodik geht es um das planmäßige Vorgehen zur Erreichung eines Zieles beziehungsweise um den erfolgreichen Weg zum Ziel. Damit ist die Methodik eine spezifische Art und Weise zu handeln (vgl. Schilling 1993: 65).

Unter Methodik wird auch die Theorie der Unterrichtsorganisation als Teil der Didaktik verstanden. Die Methodik untersucht und optimiert Unterrichtsformen und Unterrichtsphasen sowie den Einsatz von Lehrmitteln im Unterricht (vgl. www.wissen.de. 23.09.03).

In der Fortbildung »Geragogik« wird unter Methodik die »zielorientierte Unterrichtsorganisation als spezifische Handlungsweise« verstanden.

2.5.2 Offener Unterricht

Aus didaktischer Perspektive kann der Aufbau und die Struktur der Fortbildung »Geragogik« als »Offener Unterricht«[5] bezeichnet werden, denn das didaktisch-methodische Konzept der Fortbildung »Geragogik« entspricht weitgehend den Kriterien des »Offenen Unterrichts«, obwohl es weder ein einheitliches Konzept, noch eine allgemeingültige Definition für den Begriff »Offener Unterricht« gibt.

Historisch geht das Konzept des »Offenen Unterrichts« auf die »Klassische Reformpädagogik« um 1890 (Decroly, Freinet, Montessori, Parkhurst, Petersen, Steiner etc.) zurück. Dort entstand erstmalig die Idee, dass sich Unterricht in Richtung »Kindorientierung« ändern müsse. Um 1970 gab es die zweite Welle reformpädagogischer Ansätze. Diese so genannte »Neue Reformpädagogik« lässt sich weniger an Einzelpersonen, als vielmehr an Personengruppen festmachen, die Veränderungen für ihre eigenen Kinder erreichen wollten. Der Ausgangspunkt dieser »Neu-

---

5 Das didaktisch-methodische Konzept des »Offenen Unterrichts« ist ein pädagogisches Konzept, dass im Wesentlichen für die Unterrichtsgestaltung in Schulen erarbeitet wurde. Von daher lassen sich schultypische Begriffe wie »Unterricht«, »Lehrer«, »Schüler« etc. in diesem Teil nicht vermeiden.

en Reformpädagogik« war die »Kinderladenbewegung«, in deren Zuge auch die ersten »Freien Schulen« entstanden und das Konzept des »Offenen Unterrichts« neu diskutiert wurde.

Seinen Ursprung hat das Unterrichtskonzept des »Offenen Unterrichts« in Großbritannien. Hier wurde bereits Anfang 1960 nach dem Konzept der »Informal Education« unterrichtet. »Informal Education« wird wie folgt definiert: »Informal learning and teaching sind Aktivitäten, die in einer geplanten Umgebung stattfinden, die so arrangiert ist, dass jedes Kind frei ist, Zeit, Raum, Materialien und Hilfe eines kompetenten Erwachsenen zu nutzen, um Lernfortschritte entlang des Weges zu machen, der durch seine eigenen Interessen und seinen eigenen Lernstil angezeigt ist. Die Aufgabe der Lehrerin ist, die individuellen Anliegen jedes Kindes und seinen Lernstil zu ermitteln, damit die schulische Umgebung als Antwort auf diese bekannten Bedürfnisse geplant und gepflegt wird. Ihre Funktion ist dann, dem Kind beim Erreichen pädagogischer Ziele, vorbestimmter (wie z. B. das National Curriculum) oder von eigenen Interessen und Forschungen des Kindes initiierter Ziele, aktiv beizustehen« (Göhlich 1997: 42).

In der Bundesrepublik Deutschland wurde der Begriff »Informal Education« als »Offener Unterricht« übersetzt. Heute steht der Begriff »Offener Unterricht« allerdings für eine Vielzahl von Begriffen, wie »Entdeckendes Lernen«, »Handlungsorientierter Unterricht« oder »Lebensweltlichorientierter Unterricht« etc. Im Folgenden werden einige Begriffsbestimmungen zum »Offenen Unterricht« dargestellt, um im Anschluss daran, die Zusammenhänge zum Aufbau und zur Struktur der Fortbildung »Geragogik« zu erläutern.

»Mit dem Terminus Offener Unterricht wird ein Unterricht bezeichnet, dessen Unterrichtsinhalt, -durchführung und -verlauf nicht primär vom Lehrer, sondern von den Interessen, Wünschen und Fähigkeiten der Schüler bestimmt wird, wobei der Grad der Selbst- und Mitbestimmung des zu Lernenden durch die Schüler zum entscheidenden Kriterium des Offenen Unterrichts wird« (Neuhaus-Siemon 1989: 406).

Die Merkmale des »Offenen Unterrichts« lassen sich kennzeichnen
- durch *Schülervariablen*, wie Wahlfreiheit, Eigenverantwortlichkeit, Altersheterogenität der Schülergruppe und gegenseitige persönliche Achtung,
- durch *Raum- und Materialvariablen*, wie Flexibilität in der Raumnutzung und ein stimulierendes Materialangebot,

- durch *Didaktikvariablen*, wie ein gesamtunterrichtliches Curriculum, eine personenbezogene immanente Evaluation und Erfolgsbeurteilung und schwerpunktmäßig Kleingruppen- und Einzelarbeit und
- durch *Lehrervariablen*, wie eine lernfördernde Funktion der Lehrkräfte und Team-Teaching (vgl. Goetze 1992: 257).

»Während im lehrerorientierten bzw. lernzielorientierten Unterricht Verlauf und Ergebnisse des Unterrichts weitgehend von der Lehrerin bzw. dem Lehrer bestimmt werden, tritt die Lehrerin oder der Lehrer im ›Offenen Unterricht‹ stärker zurück, die Aktivität und die Mitwirkung der Schülerinnen und der Schüler stehen mehr im Vordergrund. Kinder und Jugendliche sollen stärker mitverantwortlich für ihr Lernen sein. Sie erhalten im Offenen Unterricht einen größeren Handlungsspielraum und können damit über Ziele, Themenaspekte, Methoden, Medien und die Gestaltung der sozialen Beziehungen in der Klasse mitentscheiden. Der Unterricht soll zur möglichst selbständigen, aktiven Auseinandersetzung mit dem jeweiligen Thema führen; hierbei ist die kommunikative Gestaltung der Beziehungen zwischen den am Unterricht beteiligten Personen das tragende Fundament. Offener Unterricht ist so durch selbständiges und kooperatives, ein problemorientiertes und handlungsbezogenes Lernen der Schülerinnen und Schüler gekennzeichnet« (Schittko 1993: 165).

Andere nähern sich dem Begriff »Offener Unterricht« über die Analyse von Offenheit. Dabei werden drei Dimensionen von Offenheit unterschieden,

- die *inhaltliche Offenheit*, bei der es um eine pädagogische, sittliche und politische Kritik und Veränderung der sozialen und individuellen Wirklichkeit geht, die zwar nicht unmittelbar herbeigeführt, aber provoziert werden kann,
- die *methodische Offenheit*, bei der es um das Anschließen an die biografischen und sozialen Erfahrungen der Lernenden geht und
- die *institutionelle Offenheit*, bei der es um die Lehrinstitution und deren dialektisches Verhältnis nach außen geht.

Alle drei Dimensionen von Offenheit sind immer aufeinander bezogen, so dass Unterricht dann als »Offener Unterricht« bezeichnet werden kann, wenn sowohl inhaltliche und methodische als auch institutionelle Offenheit vorliegt (vgl. Ramseger 1992: 25f und Brenner 1977: 34).

Allen Begriffen und Begriffsbestimmungen ist gemein, dass »Offener Unterricht« dadurch gekennzeichnet ist, dass die *Lernenden* zu

- selbständigem Lernen und
- handlungsorientiertem Lernen befähigt werden, ihre
- Aktivitäten im Unterricht gefördert werden, und sie bei der
- Themenauswahl und deren Bearbeitung mitsprechen und -entscheiden, während sich
- die *Lehrenden* in ihren Vorgaben zurücknehmen (vgl. Reketat 2001: 19).

Der veränderte, auf Selbständigkeit und Handlungsorientierung bezogene Lernbegriff und die veränderte, Vorgaben eher zurücknehmende Rolle der Lehrenden spielen neben den Inhalten die zentrale Rolle im »Offenen Unterricht«.

Zu den Qualitätskriterien des »Offenen Unterrichts« zählen:
- der Grad der Methodenvielfalt,
- der Grad der Freiräume,
- der Grad der Teamfähigkeit und Solidarität in den Umgangsformen,
- der Grad der Teamfähigkeit und Solidarität in der Sprachkultur,
- der Grad der Selbständigkeit der Lernenden und Lehrenden,
- der Grad der Freiheit der Inhalte,
- der Grad der Lernberatung,
- der Grad der Öffnung zur Umwelt,
- der Grad der Veränderung der Lehrerrolle,
- der Grad der Akzeptanz des Unterrichts durch die Lernenden,
- der Grad der Akzeptanz der Lernumgebung durch die Lernenden und Lehrenden (vgl. Reketat 2001: 25).

Neben dieser Beschreibung der Didaktik des »Offenen Unterrichts« gehören zu den Methoden des »Offenen Unterrichts«, das heißt zu den Unterrichtsformen, Unterrichtsphasen und den Arbeitsmitteln des »Offenen Unterrichts« die Freiarbeit, Gesprächskreise, Unterrichtspläne, das Stationenlernen, Projektlernen und Lernfelder, die Integration des Unterrichtsraumes als Lebens- und Lernraum, die Öffnung des Unterrichts nach außen und die Vielfalt an Arbeitsmitteln.

Sowohl die dargestellte Didaktik, als auch die genannten Methoden sind integrale Bestandteile der Fortbildung »Geragogik«. Insofern entspricht die Didaktik und Methodik der Fortbildung »Geragogik« weitgehend dem Konzept des »Offenen Unterrichts«.

2.5.3 Begriffsbestimmung: Bildung und Lernen

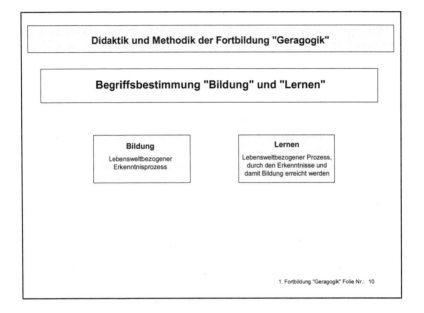

Begriffsbestimmung: Bildung

Eine Schwierigkeit bei der Begriffsbestimmung von Bildung besteht darin, dass das Ziel von Bildung immer auf ein »Mehr« verweist. Das zu verdeutlichen ist deswegen schwer, da der allgemeine Sprachgebrauch falsch ist. Denn ein *Bildungsabschluss* schließt keinen Bildungsprozess ab und es ist auch niemals jemand *ausgebildet*. Das heißt, Bildung ist nie abgeschlossen, sie ist lebenslang und verweist von daher immer auf ein »Mehr«.

Des Weiteren wird unter Bildung, sowohl unter Kinder- und Jugend-, als auch unter Erwachsenen- und Altenbildung im Wesentlichen das organisierte Lernen in Bildungsinstitutionen verstanden. Und in den Bildungsinstitutionen wird, auch heute noch, Bildung fast ausschließlich an kognitiven Lerninhalten festgemacht. So gilt zum Beispiel derjenige als gebildet, der mehrere Sprachen gelernt hat oder die Formel der Relativitätstheorie Einsteins aufsagen kann. Dieses allgemeine Verständnis von Bildung, das ausschließlich auf kognitive Lerninhalte zielt, ist ein weiteres Problem bei der Begriffsbestimmung von Bildung.

Denn auch institutionalisierte Bildung kann Bildung nicht herstellen, sondern sie nur ermöglichen. Bildung kann grundsätzlich nicht hergestellt werden, sondern sie ist immer die Bildungsarbeit des sich Bildenden. Damit kann bei allen Lerninhalten, auch bei den kognitiven, wie beim Erlernen einer Sprache oder einer mathematischen Formel, nur von Bildung gesprochen werden, wenn die Lerninhalte subjektiv konstruiert wurden. Ansonsten handelt es sich um Auswendiglernen oder um Nacherzählen und nicht um Bildung.

»Die für die Bewältigung der Lebensaufgaben erforderlichen Voraussetzungen werden demzufolge nicht in objektivierbaren Bildungsprozessen angeeignet, sondern ergeben sich aus dem, was dem einzelnen viabel erscheint, in subjektiver Konstruktion« (Breloer 2000: 42).

Wenn aber alle Lerninhalte subjektiv konstruiert werden müssen, um von Bildung sprechen zu können, können Lerninhalte nie nur kognitiv sein. Denn der Mensch, der die Lerninhalte subjektiv konstruieren muss, kann dies nicht nur kognitiv tun. Er muss zum subjektiven Konstruieren der Lerninhalte seine Erfahrungen, Erlebnisse, Gefühle etc. benutzen. Das bedeutet, dass der Begriff »Bildung«, der auch heute noch fast ausschließlich an kognitiven Lerninhalten festgemacht wird, an etwas festgemacht wird, das es so nicht gibt.

Durch diese Erörterungen der Schwierigkeiten bei der Begriffsbestimmung von Bildung, wurde nun gleichzeitig der Bildungsbegriff erläutert. Bildung ist immer Selbstbildung, die nie nur ein kognitiver Vorgang ist, sondern sie ist zugleich eine Bewertung des eigenen Ich, eine Bewertung der Begegnungen mit der Welt und eine Bewertung der Begegnungen mit den Menschen in der Gesellschaft im gesamten Lebenslauf. Deshalb kann Bildung nicht auf Unterricht festgelegt werden (vgl. Breloer 2000: 47).

Von daher wird der Fortbildung »Geragogik« folgender Bildungsbegriff zugrunde gelegt:

- *Bildung ist ein lebensweltbezogener Erkenntnisprozess.*

Mit dieser Begriffsbestimmung von Bildung wird zugleich den aktuellen Debatten zum Begriff »Bildung« Rechnung getragen, die Bildung als Lehr- und Lernarrangement betrachten und neue Lehr- und Lernkulturen fordern.

»Wir sollten deshalb Bildung wieder stärker ganzheitlich verstehen. In der Bildung vergewissern wir uns unserer selbst und finden unsere Identität. Bildung ist, wie jede Kultur, die menschliche Form der Weltaneignung und zugleich ihr Ergebnis. Zur Bildung gehören die Vorstellungen und Einstellungen, die Fähigkeiten, die Kenntnisse und die Gewohnheiten, die es dem Menschen ermöglichen, die Welt selbstbestimmt und verantwortlich zu gestalten« (Rau 2000).

Begriffsbestimmung: Lernen
Der Prozess, in dem sich die Bildung vollzieht, ist das Lernen. Damit ist durch die genannte Begriffsbestimmung von Bildung, das Lernen der lebensweltbezogene Prozess, durch den Erkenntnisse und damit Bildung erreicht werden.

Von daher wird der Fortbildung »Geragogik« folgender Lernbegriff zugrunde gelegt:

- *Lernen ist der lebensweltbezogene Prozess, durch den Erkenntnisse und damit Bildung erreicht werden.*

»Bildung ist auch etwas anderes als Wissen. Wissen lässt sich büffeln, aber Begreifen braucht Zeit und Erfahrung. [...] Selbständig und frei denken zu lernen: darum geht es nach wie vor. Wer nicht denken gelernt hat, der kann diesen Mangel durch noch so viele Informationen nicht ersetzen, auch nicht durch modernste technische Hilfsmittel. Denken und Verstehen: das hat zu tun mit dem ganzen Menschen, mit Leib und Seele, mit Herz und Verstand. Denken und Verstehen: das hat zu tun mit analytischen Fähigkeiten und Phantasie, mit Einfühlungsvermögen und mit der Fähigkeit, sich neue Welten zu erschließen. Denken und Verstehen: das bedeutet, Orientierung suchen, Orientierung haben und Orientierung geben zu können in einer Welt, die uns mit immer neuen und immer mehr Einfällen, Eindrücken und Einsichten überhäuft« (Rau 2000).

Andere Lernformen, wie beispielsweise das Auswendiglernen oder die Nacherzählung etc. haben durchaus ihre Berechtigung. Aber beim Lebenslangen Lernen geht es nicht um diese Lernformen. Hier geht es um das Lernen für die eigene Bildung, die als lebensweltbezogener Erkenntnisprozess verstanden wird.

»Das Konzept des lebensbegleitenden organisierten Lernens hat einen vergesellschaftenden Effekt, es führt Individuen zusammen und vermittelt ihnen Wissen, das sie zum Einmischen und Engagement in der Gesellschaft herausfordert« (Arnold 2000: 33).

Mit diesen Begriffsbestimmungen von Bildung und Lernen haben sowohl Bildung, als auch Lernen eine herausragende Stellung im gesamten

Lebenslauf. Bildung und Lernen sind die Antwort auf die Wechsel der Lebensphasen.
»Die alternde Gesellschaft produziert also ihren eigenen Lernbedarf. Älterwerden muss offenbar, anders als früher, gelernt werden. Dies hängt [...] damit zusammen, dass sich das ›verlängerte Leben‹ in einer auf ungewohnt schnelle Veränderungen angelegten Gesellschaft verwirklicht« (vgl. Wallraven; Becker; Veelken 2000: 9).

2.5.4 Elemente geragogischen Lernens

Eine Auseinandersetzung mit den Elementen geragogischen Lernens ist im Rahmen des Curriculums und der Fortbildung »Geragogik« notwendig, weil in der Fortbildung »Geragogik« sowohl Jüngere als auch Ältere lehren und lernen. Mit dieser Auseinandersetzung wird der Tatsache Rechnung getragen, dass auch Ältere im Rahmen der Fortbildung »Geragogik« lehren und lernen. Bildung und Lernen ist für ältere Erwachsene und alte Menschen verbunden mit Veränderungen ihres Lernens.

Das Lernen von Kindern, von jüngeren und älteren Erwachsenen und alten Menschen vollzieht sich nach jeweils anderen Kriterien. Von der Lernpsychologie und der Gerontopsychologie wurde herausgearbeitet, dass die fluide Intelligenz mit zunehmendem Alter eher nachlässt, während die kristalline Intelligenz eher zunimmt. Das bedeutet, dass das ›automatische‹ Aufnehmen, auch nicht verstandenen Lernstoffes, zunehmend schwerer fällt, während das Lernen durch Erkennen und Verstehen von Zusammenhängen zunehmend leichter fällt und zunimmt (vgl. Veelken 2003: 71).

Diese Tatsache hat Konsequenzen für den gesamten Lernprozess und wird für die Fortbildung »Geragogik« genutzt. Die herausragendsten Veränderungen des Lernens im Lebenslauf können durch zunehmend wichtiger werdendes »Bedeutungslernen«, »Dialektisches Lernen«, »Gruppenlernen« und »Wechselseitiges Lernen« gekennzeichnet werden. Diese Elemente geragogischen Lernens werden im Folgenden dargestellt und erläutert.

Elemente geragogischen Lernens: Bedeutungslernen

Das Bedeutungslernen entspricht den Veränderungen des Lernens im Lebenslauf. Da das ›automatische‹ Aufnehmen von Lernstoff zunehmend schwerer fällt, aber das Lernen durch Erkennen und Verstehen von Zusammenhängen zunehmend leichter fällt und zunimmt, gewinnt die Vernetzung der eigenen Erfahrungen mit den entsprechenden Theorien an Bedeutung. Im Bedeutungslernen kommt zum Ausdruck, dass immer der einzelne Mensch, in seinen Zusammenhängen und mit seinen Erfahrungen, lernt. Der einzelne Mensch stellt im Prozess des Bedeutungslernens, das heißt bei der Vernetzung der eigenen Erfahrungen mit Theorien, die für ihn *neuen Bedeutungen* selbst her (vgl. Veelken 2000: 91).

Elemente geragogischen Lernens: Dialektisches Lernen
Der Prozess der Vernetzung der eigenen Erfahrungen mit Theorien hat das Ziel die eigenen Erfahrungen in zukunftsbezogene Erkenntnisse umzuwandeln. Dialektisches Lernen betont, dass es nicht darum geht, wahllos Lernstoff anzusammeln, sondern dass es um neue zukunftbezogene Erkenntnisse geht. Neue zukunftbezogene Erkenntnisse kann es für ältere Erwachsene und alte Menschen aber nur geben, wenn sie früher gelerntes Wissen vergessen, das heißt dialektisch negieren. Erst dieses *dialektische Vergessen* ermöglicht die Neuaufnahme von Wissen. Beim dialektischen Lernen geht es um die konstruktive Verarbeitung von Erfahrungen, die dem Lernen nicht im Wege stehen, sondern die Qualität des Lernens erhöhen (vgl. Veelken 2003: 72).

Elemente geragogischen Lernens: Gruppenlernen
Sowohl der Prozess des Bedeutungslernens als auch der des Dialektischen Lernens setzt Kommunikation mit anderen Menschen voraus. Denn diese Elemente des Lernens können sich im einzelnen Menschen *nicht alleine* beispielsweise durch Bücher oder andere Medien ereignen. Sie können nicht wie Vokabeln oder mathematische Formeln gelernt werden. Gerade das Gruppenlernen verbindet das Lernen mit anderen Menschen und dadurch mit der notwendigen Kommunikation (vgl. Veelken 2000: 91).

In der Fortbildung »Geragogik« wird der Gruppenprozess der Lerngruppe selbst, das heißt das Zusammenspiel der Lehrenden und Lernenden, ebenso berücksichtigt, wie er Teil der inhaltlichen, didaktischen und methodischen Fortbildung ist.

Denn nicht nur das Lernen des einzelnen Menschen, sondern auch das Lernen der Gruppe läuft in bestimmten Phasen ab. Jede Gruppe kommt zusammen mit einem gemeinsamen Ziel. Das bedeutet, dass am Beginn jeder Gruppe die *Bedürfnisbefriedigung* steht. In den nächsten Treffen sucht die Gruppe nach einer *Stabilisierung der Bedürfnisbefriedigung*, da die Bedürfnisse der einzelnen Mitglieder der Gruppe nie gleich sind. In dieser Phase beginnen die Probleme des Gruppenprozesses. Denn die Gruppe hat die Frage zu beantworten, wessen Bedürfnisse den Vorrang haben. Der Ärger und Zorn der Gruppe richtet sich dabei gegen die Stärksten der Gruppe, was meistens die Lehrenden sind. Das Zulassen dieser Probleme des Gruppenprozesses ist notwendig, um die nächste Phase zu erreichen. Denn in die Gruppe lässt sich nur ein vorgegebenes Ziel einbringen, wenn diese Spannungen ausgetragen wurden. Diese Phase des *kollektiven Zieles* ist verbunden mit den Symptomen der heilenden Gruppe. Nach der Phase des kollektiven Zieles folgt die Phase des *autonomen Zieles* beziehungsweise des selbst bestimmten Zieles der Gruppe. In dieser Phase entdeckt die Gruppe ihre eigene Gruppenidentität und integriert neue Mitglieder. Die Ziele und Möglichkeiten der Gruppe erweitern sich und der Prozess beginnt in neuer Zusammensetzung von vorne (vgl. Veelken 2003: 73ff).

Elemente geragogischen Lernens: Wechselseitiges Lernen
Wechselseitiges Lernen entspricht der Besonderheit der Geragogik, dass ältere Menschen die Lebensphase der Lehrenden meistens voraus haben. Insbesondere ältere Erwachsene und alte Menschen bringen Wissen, Erfahrung, Kompetenz und Können in die Lernsituationen ein. Dadurch wird ein Rollenwechsel zwischen Lehrenden und Lernenden ermöglicht, der letztendlich die Grenzen zwischen ihnen aufhebt (vgl. Veelken 2000: 91).

Diese Elemente geragogischen Lernens sind integrale Bestandteile der Fortbildung »Geragogik«. Dabei kommen sie durch die Veränderungen des Lernklimas nicht nur den älteren, sondern auch den jüngeren Menschen zugute.

2.6 Aufbau und Struktur der Fortbildung »Geragogik«

Die Fortbildung »Geragogik« ist, wie bereits ausgeführt wurde, davon geprägt, dass sowohl Aufbau und Struktur, als auch Didaktik und Methodik sowie ihre Inhalte nicht voneinander zu trennen sind. Die Trennung wird hier ausschließlich zum besseren Verständnis vollzogen.

In diesem Teil der Einheit von Didaktik und Methodik, Aufbau und Struktur und Inhalten wird die Begründung für den gemeinsamen Prozess des Lehrens und Lernens der Fortbildung »Geragogik« gegeben. Denn das dialektische Verhältnis von Aufbau und Struktur, Didaktik

und Methodik sowie der Inhalte der Fortbildung »Geragogik« wird durch die Besonderheiten der Geragogik bedingt. Dabei lassen sich insgesamt drei Kernprozesse geragogischer Besonderheiten formulieren:
- *Die Geragogik ist sehr stark von der Zielgruppe der älteren Menschen bestimmt.* Die spezifischen Lebenslagen und Lebenssituationen Älterer, ihre sozialemotionalen Bedürfnisse und intellektuellen Fähigkeiten erfordern spezifische Lerninhalte und Lernziele der Geragogik. Auch ältere Menschen werden im Kontext von Kultur und Gesellschaft sozialisiert (Tertiäre Sozialisation); sie leben nicht unabhängig von den gesellschaftlichen Veränderungen. Ihre spezifischen Rahmenbedingungen konkretisieren sich dabei an den für ihre Lebensphase typischen Kontextbereichen.
- *Inhalt und Zielgruppe der Geragogik sind identisch.* Ältere beziehungsweise deren spezifische Lebenslagen und Lebenssituationen sind sowohl Inhalt, als auch Zielgruppe der Geragogik. Das bedingt, dass eine Subjekt – Objekt – Beziehung in der Geragogik unmöglich und eine wechselseitige Aktivierung unabdingbar ist.
- *Ältere haben die Lebensphase der Lehrenden meistens voraus.* Denn gelehrt und gelernt wird mit Älteren. Von daher wird die Reflexion der eigenen Biografie, das heißt die Integration des reflektierten eigenen Lebenslaufes, der eigenen Lebensphasen und Lebenserfahrungen der Lehrenden und Lernenden (Teilnehmerzentrierung), in der Geragogik zur Voraussetzung.

Aufgrund dieser Besonderheiten der Geragogik lassen sich die Ziele der Fortbildung »Geragogik« nur erreichen, wenn das Lehren und Lernen als gemeinsamer, komplexer werdender Prozess verstanden wird. In diesem Prozess geht es vorrangig nicht um die Aufeinanderfolge von objektiven Lerninhalten, sondern um das Lehren und Lernen in der Gruppe, die als lebendiges, offenes System verstanden wird, das bestimmten Regeln folgt.

Damit ist der Umgang mit den Lerninhalten in der Gruppe genauso wichtig wie die Lerninhalte selbst. Beide Prozesse, das Lehren und Lernen in der Gruppe und des Gruppenprozesses und das Lehren und Lernen der objektiven Lerninhalte, werden nicht voneinander getrennt, sondern als gemeinsamer Prozess verstanden. »Lehrende und Lernende sind Elemente dieses Systems, in dem ein objektiv vorgegebener Lerninhalt subjektiv gelehrt und gelernt wird« (Veelken 2003: 65).

Dieser Prozess ist der Fortbildung »Geragogik« insgesamt hinterlegt. Das bedeutet, dass er integraler Bestandteil der Fortbildung »Geragogik« als Ganzes und jedem ihrer Teile ist. Damit ist dieser Prozess jedem einzelnen Lerninhalt und jedem didaktisch-methodischen Schritt inhärent. In diesem gemeinsamen, komplexer werdenden Prozess des Lehrens und Lernens lassen sich vier Phasen unterscheiden. Das von Veelken im Jahr 1994 entwickelte und von ihm in den Jahren 2000 und 2003 weiter ausgeführte Konzept wird hier umgesetzt und auf die Fortbildung »Geragogik« übertragen (vgl. Veelken 1994: 38ff; Veelken 2000: 91ff und Veelken 2003: 64ff):

Aufbau und Struktur der Fortbildung "Geragogik"

Erste Phase: Motivation	**Frage:**	Warum unterrichte ich Geragogik? Warum will ich Geragogin / Geragoge werden?
Zweite Phase: Kenntnisse	**Frage:**	Wie erlange ich Sicherheit im Umgang mit Älteren, ohne dass ich sie zu "Objekten" mache?
Dritte Phase: Konzepte	**Frage:**	Wie finde ich *mein* Konzept?
Vierte Phase: Kompetenzen	**Frage:**	Wo sind *meine* Kompetenzen?

1. Fortbildung "Geragogik" Folie Nr.: 11

Im Folgenden werden die Lehr- und Lernprozesse der vier Phasen: *Motivation, Kenntnisse, Konzepte* und *Kompetenzen* im Kontext der gesamten Fortbildung, das heißt für die Fortbildung »Geragogik« als Ganzes erläutert. Im weiteren Verlauf des Curriculums werden sie auch auf einzelne Teile der Fortbildung angewandt werden.

2.6.1 Erste Phase: Motivation

Im Rahmen dieses Curriculums wird davon ausgegangen, dass die notwendigen Kompetenzen zur Lebensbegleitung älterer Menschen nur erlangt werden können, wenn die Lehrenden und Lernenden authentisch, das heißt mit sich selbst identisch sind. Das bedeutet, dass sie in der Fortbildung »Geragogik« ihren persönlichen Motiven, Zielen und Konzepten folgen. Damit wird sowohl die fachliche Identität als Geragogin und Geragoge, als auch die persönliche Identität der Lernenden entwickelt. Die Entfaltung von Identität ist somit nicht nur das Ziel jeder Lebensbegleitung, sondern auch das Ziel der Fortbildung »Geragogik« selbst.

Neben den Fach-, Methoden- und Sozialkompetenzen werden im Rahmen der Fortbildung »Geragogik« auch Personalkompetenzen entwickelt. Zur Erweiterung der Personalkompetenzen gehört selbstverständlich die Entfaltung der eigenen Identität. Damit werden die Lernenden selbst – in reflexiver Weise – zum Thema beziehungsweise zum Inhalt der Fortbildung »Geragogik«. Das verdeutlicht die Wichtigkeit der individuellen Motivation zur Fortbildung und die Wichtigkeit der weiteren Weckung der Motivation während der Fortbildung. Da die Lehrenden und Lernenden Elemente des Systems der Fortbildung »Geragogik« sind, bezieht sich die Identitätsentfaltung und Motivation sowohl auf die Lehrenden, als auch auf die Lernenden.

Inhaltlich geht es zuerst um ein positives Altersbild oder um die »Liebe« zu älteren Erwachsenen und alten Menschen (vgl. Veelken 2003: 65). Durch eine möglichst umfassende Transparenz sollen die Möglichkeiten und Entfaltungspotentiale Älterer in der sich wandelnden Gesellschaft erkannt werden. Dazu ist es notwendig, reflexiv zu lehren und zu lernen und sich seines eigenen Lebensalters und seines eigenen Älterwerdens positiv bewusst zu werden. Nur wer selbst motiviert ist, alt zu werden, kann Ältere positiv begleiten und bei Anderen diese Motivation wecken.

Notwendig ist dieser Prozess deswegen, weil in unserer Gesellschaft ein defizitäres Altersbild vorherrscht. Altwerden ist gleichbedeutend mit weniger leistungsstark, geringer, kleiner, weniger bedeutend sein. Dieses defizitäre Altersbild gilt nicht nur für die älteren Erwachsenen und alten Menschen, sondern überträgt sich auch auf diejenigen, die mit ihnen umgehen, die sie begleiten. Von daher ist die Entwicklung eines positiven Altersbildes die vorrangige Aufgabe dieser ersten Fortbildungsphase.

Die zentralen Fragen dieser Fortbildungsphase »Motivation« sind:
- Warum unterrichte ich Geragogik?
- Warum will ich Geragogin/Geragoge werden?

Zur Beantwortung dieser Fragen, das heißt zur Entfaltung der eigenen Identität, ist es notwendig, die eigenen Vorstellungen von Geragogik durch eine identitätssichernde eigene Motivation zu untermauern und die eigenen Sozialkompetenzen um die Gruppenidentität in der Fortbildung selbst und im Hinblick auf die zukünftige geragogische Tätigkeit zu erweitern. Des Weiteren sind zur Beantwortung dieser Fragen Einführungen in gerontologische und geragogische Theorien notwendig, um ein Bild von dem zu bekommen, was Geragogik ist.

Die Antworten auf diese Fragen gehen zurück auf eigene lern- und lebensbiografische Motive und werden umgesetzt in Erwartungen an die Fortbildung »Geragogik«. Erst durch die Antworten auf diese Fragen kann deutlich werden, dass die Lebensbegleitung Älterer nicht nur eine sinnvolle Tätigkeit für Andere ist, sondern dass sie auch viele Möglichkeiten und Chancen für das eigene Altern bietet.

Damit geht es in dieser ersten Fortbildungsphase »Motivation« darum, reflexives geragogisches Lehren und Lernen als Entdeckung der eigenen Lern- und Lebensbiografie und der eigenen Lebenssituation zu verstehen.

2.6.2 Zweite Phase: Kenntnisse

In dieser Fortbildungsphase geht es darum, dass die Lehrenden und Lernenden möglichst viel über die Zielgruppe erfahren, der sie begegnen und die sie begleiten werden. In Theorie und Praxis wird sich ausführlich mit den Begegnungssituationen bei der Lebensbegleitung Älterer auseinander gesetzt.

Inhaltlich geht es hier um die gerontologischen Grundkenntnisse zum Lebenslauf und zu den Entfaltungspotentialen im Alter: Es geht um theoretische Grundkenntnisse zur Entwicklung der Identität im Lebenslauf, zur Entwicklung der Intelligenz und Emotionalität (Gerontopsychologie). Es geht um Analysen der Lebenssituationen Älterer im Kontext der gesellschaftlichen Wirklichkeit (Gerontosoziologie und sozialpolitische Aspekte der Gerontologie). Es geht um theoretische Grundkenntnisse der biologischen und medizinischen Alterungsprozesse, wie das Wissen um die Defizite durch Krankheit und Behinderung, oder das Wissen um

Veränderungen beim Denken, Lernen und bei der Intelligenz (Biologie des Alterns, Geriatrie und Gerontopsychiatrie). Es geht um gerontologische Grundkenntnisse des Lehrens und Lernens und um Grundkenntnisse der Lebensbegleitung älterer Menschen (Geragogik).

Wichtig ist es ein Bewusstsein davon zu erlangen, dass der Geragogin und dem Geragogen in ihren Tätigkeitsfeldern Menschen mit spezifischen Lebenslagen und Lebenssituationen begegnen werden. Für jüngere Geragoginnen und Geragogen ist zudem die Erkenntnis wichtig, dass sie anderen, älteren Generationen begegnen werden. Diese Tatsache bedingt, dass die Begegnungssituationen und die Lebensbegleitung Älterer keine »Objektbetreuung« sein kann, sondern »wechselseitige Aktivierung« sein muss. Es geht um die Erlangung von Sicherheit im Umgang mit Älteren und um die Stärkung eines identitätssichernden Zugangs zu Älteren.

Die zentrale Frage dieser Fortbildungsphase »Kenntnisse« ist:
- Wie erlange ich Sicherheit im Umgang mit Älteren, ohne dass ich sie zu »Objekten« mache?

Zur Beantwortung dieser Frage ist es unabdingbar, die Bedürfnisse der Lernenden beziehungsweise der Geragoginnen und Geragogen in der Begegnungssituation mit Älteren zu berücksichtigen. Denn nur wenn sie wissen, wo sie selbst in der Begegnung mit Älteren sind, können sie sicher im Umgang mit Älteren sein. Und nur wenn sie sicher im Umgang mit Älteren sind, können die Begegnungen mit Älteren eine »wechselseitige Aktivierung« sein.

Somit geht es für die Fortbildung »Geragogik« in dieser zweiten Fortbildungsphase »Kenntnisse« darum, reflexives geragogisches Lehren und Lernen auch als Hinterfragen der eigenen Gefühle und Einstellungen in der Begegnung mit Älteren zu verstehen.

2.6.3 Dritte Phase: Konzepte

In dieser Phase wird das Konzept der Fortbildung »Geragogik« gemeinsam ausgestaltet. Die Lernenden können jetzt ihre Interessen adäquat einbringen, da sie einen Ein- und Überblick über die Dimensionen geragogischen Handelns gewonnen haben. Zudem werden die (individuellen) Handlungskonzepte der Lernenden für die Praxis erarbeitet.

Für die Lehrenden bedeutet dies, einen so großen Rahmen herzustellen, dass Konzepte zur Weitergabe entwickelt werden können. Für die

Lernenden heißt das, sich das objektive Lernmaterial subjektiv so an zu eignen, dass sie daraus ein für sich passendes Konzept entwickeln können. Dabei ist die (individuelle) Konzeptentwicklung ein ebensolcher gemeinsamer Prozess, wie die weitere Ausgestaltung des Konzeptes der Fortbildung »Geragogik«.

Die zentrale Frage dieser Fortbildungsphase »Konzepte« ist:
- Wie finde ich *mein* Konzept?

Zur Beantwortung dieser Frage muss die eigene Motivation (erste Phase) und die Sicht der Älteren (zweite Phase) in ein (individuelles) geragogisches Handlungskonzept integriert werden, das in der Tätigkeit mit den Älteren ebenso tragbar ist, wie es die Entfaltung der eigenen Identität sichert. Dazu ist die Reflexion des Spannungsfeldes von Ideal und Realität unabdingbar.

Die »objektive« Fortbildung »Geragogik«, welche eher durch die Entwicklung funktionaler Handlungskompetenzen gekennzeichnet ist, muss mit der »subjektiven« Fortbildung »Geragogik«, welche durch die Weiterentwicklung der individuellen Motivation, den Abbau von Unsicherheiten, die Definition des eigenen Anspruchniveaus und die Entfaltung der eigenen Identität gekennzeichnet ist, abgestimmt werden. So werden durch die Konzepterarbeitung die (individuellen) geragogischen Kompetenzen der Lernenden ebenso deutlich, wie ihre Kompetenz, sich ein eigenes Konzept zu erarbeiten.

In dieser dritten Fortbildungsphase »Konzepte« geht es also darum, reflexives geragogisches Lehren und Lernen als Umsetzung von gelernten Theorien in die institutionsbezogene individuelle Praxis zu verstehen.

2.6.4 Vierte Phase: Kompetenzen

Für die Fortbildung »Geragogik« setzen sich die »Kompetenzen« für die Praxis aus den für die Lebensbegleitung Älterer notwendigen Fach-, Methoden-, Sozial- und Personalkompetenzen zusammen. Die Lehrenden eignen sich diese Kompetenzen so an, dass sie sie wirklich von innen heraus lehren können, das heißt, dass sie das Lernen lehren. Die Lernenden eignen sich diese Kompetenzen so an, dass sie sie Anderen vermitteln können.

Die zentrale Frage dieser Fortbildungsphase »Kompetenzen« ist:
- Wo sind *meine* Kompetenzen?

Zur Beantwortung dieser Frage ist es notwendig, die in den anderen Phasen erlernten Theorien im Hinblick auf die Praxis zu überarbeiten. Dazu müssen die erlernten Theorien aus der eigenen, individuellen Sicht der Lernenden so überarbeitet werden, dass sie als angewandte Theorien neu zum Leben erweckt werden.

Des Weiteren ist zur Beantwortung dieser Frage ein Überblick über die gesellschaftlich kulturelle Funktion der geragogischen Tätigkeit notwendig. Dabei geht es darum, die eigene geragogische Tätigkeit in den soziokulturellen Kontext einzuordnen und sie als Tätigkeitsfeld von vernetzten Systemen aus Kultur-, Freizeit-, Bildungs-, Sozialarbeit und Gesundheitslernen zu verstehen. Die verschiedenen Formen der gesellschaftlichen Integration Älterer erweitern dabei die Sicht auf Alternativen beispielsweise in Bezug auf Wohnen, Freizeit, Kultur, Bildung und Lebensperspektiven in der geragogischen Tätigkeit.

Zugleich ermöglicht erst die Einordnung der eigenen geragogischen Tätigkeit in den soziokulturellen Kontext und die dadurch bedingte Sicht auf Alternativen die Freude auf neue Tätigkeiten, die Verfolgung eigener Ziele und die Entwicklung einer professionellen Identität. Damit schafft erst diese Einordnung der eigenen geragogischen Tätigkeit, die Voraussetzungen für die Erlangung der Kompetenzen für die Praxis. Gab es zum Beginn der Fortbildung noch ein vages Bild einer eigenen Motivation, weicht dieses vage Bild jetzt einer professionellen Identität. Diese professionelle Identität gilt es nun in die eigene Persönlichkeit zu integrieren.

Mit dieser Phase der Fortbildung »Geragogik« geht gleichzeitig der Abschluss der Fortbildung einher. Von daher sind Auseinandersetzungen über zukünftige Rollenwechsel und neue Tätigkeiten ebenso notwendig, wie deutlich werden muss, dass man nicht alles kann und können muss.

Denn Lernen als eigenen lebenslangen Prozess zu verstehen, ist eine wichtige Erkenntnis dieser vierten Fortbildungsphase »Kompetenzen«.

»Jegliches Wissen dient der Selbsterkenntnis. Soziologisches Wissen bringt die Erkenntnis der Selbstkonstruktion im Kontext des Zusammenspiels von Kultur, Gesellschaft und Identität. Gerontologisches Wissen dient der Übertragung der Entfaltung der Identität auf die Reifephasen im Lebenslauf. Geragogisches Wissen ist die Anwendung der fördernden Prozesse und Begegnungen für die Selbstkonstruktion im Medium Bildung, Lernen, Kultur« (Veelken 2001: 89).

2.7 Inhalte der Fortbildung »Geragogik«

Wie bereits ausgeführt wurde, ist die Fortbildung »Geragogik« davon geprägt, dass weder ihre Didaktik und Methodik noch ihr Aufbau und ihre Struktur von ihren Inhalten zu trennen sind. Die Trennung wird hier ausschließlich zum besseren Verständnis vollzogen. Das genannte dialektische Verhältnis zeigt sich schon daran, dass die Inhalte der Fortbildung »Geragogik« ohne didaktisch-methodische Hinweise und ohne Integration von Aufbau und Struktur nicht zu beschreiben sind.

Des Weiteren ist zu bedenken, dass alle Inhalte der Fortbildung »Geragogik« unterschiedlich bearbeitet werden können. Dabei stehen die Interessen und Bedürfnisse der Lernenden immer im Vordergrund (vgl. 2.5 Didaktik und Methodik der Fortbildung »Geragogik«).

Außerdem ist für die *Inhalte* der Fortbildung »Geragogik« zu berücksichtigen, dass sie sich selbst nur aus einem *dialektischen Verhältnis* von *fachspezifischen Schwerpunkten* und *Kontextbereichen* ergeben.

So wird hier als inhaltliches Konzept vorgeschlagen, die fachspezifischen Schwerpunkte an den lebensweltlichen Rahmenbedingungen älterer Menschen und damit an Kontextbereichen wie »Wohnen«, »Freizeit und Kultur« etc. zu konkretisieren.

Zugleich können die Kontextbereiche aber auch an den fachspezifischen Schwerpunkten wie »Lebensbegleitende Aspekte der Biologie des Alters«, »Lebensbegleitende Aspekte der Geriatrie« etc. konkretisiert werden.

Dieser Teil der Einheit »Didaktik und Methodik, Aufbau und Struktur und Inhalte« setzt sich sowohl mit den fachspezifischen Schwerpunkten, als auch mit den Kontextbereichen ausführlich auseinander. Jeweils im Anschluss an diese Auseinandersetzungen erfolgt die Integration dieser inhaltlichen Konzepte in den Aufbau und die Struktur der Fortbildung.

Das heißt, im Folgenden werden die Inhalte der Fortbildung »Geragogik« einzeln und nacheinander erläutert. Zuerst werden die fachspezifischen Schwerpunkte einzeln dargestellt. Danach wird die Integration der fachspezifischen Schwerpunkte in die Phasenstruktur der Fortbildung beispielhaft vollzogen. Im Anschluss daran folgt die Beschreibung der einzelnen Kontextbereiche. Danach wird auch für sie die Integration in die Phasenstruktur der Fortbildung an einem Beispiel nachvollzogen.

Im daran anschließenden Kapitel (vgl. 2.8 Unterrichtsbeispiele: Wohnen mit altersbedingten körperlichen Einschränkungen) wird beispielhaft die Integration der fachspezifischen Schwerpunkte und der Kontextbereiche in die Phasenstruktur der Fortbildung hergestellt.

2.7.1 Fachspezifische Schwerpunkte

Die fachspezifischen Schwerpunkte der Fortbildung »Geragogik« umfassen Aspekte der Gerontologie, die der Geragogik inhärenten lebensbegleitenden Aspekte der Einzelwissenschaften der Gerontologie und die Geragogik als Wissenschaft. Gerontologie wird hier, wie bereits dargelegt wurde, als Alter(n)swissenschaft verstanden, die die verschiedenen Einzelwissenschaften, die sich aus ihren jeweiligen Blickwinkeln mit dem Alter beziehungsweise dem Altern beschäftigen, integriert.

Insofern ist neben den lebensbegleitenden Aspekten der Einzelwissenschaften der Gerontologie, eine Einführung in die Gerontologie als Wissenschaft eine ebensolche Voraussetzung für die Fortbildung »Geragogik«, wie die ausführliche Beschäftigung mit der Geragogik als Wissenschaft. Die Fülle an fachspezifischen Schwerpunkten und die Vielfalt an Themen, die sich daraus für die Fortbildung »Geragogik« ergeben, werden im Folgenden stichwortartig dargestellt (vgl. Veelken 1994: 34ff):

Inhalte der Fortbildung "Geragogik"

Fachspezifische Schwerpunkte:

Schwerpunkt	Schwerpunkt	Schwerpunkt	Schwerpunkt	Schwerpunkt	Schwerpunkt	Schwerpunkt	Schwerpunkt	Schwerpunkt
"Gerontologie"	"Biologie des Alterns"	"Geriatrie"	"Gerontopsychiatrie"	"Pflegewissenschaft"	"Gerontopsychologie"	"Gerontosoziologie"	"Geragogik"	"???" etc.

1. Fortbildung "Geragogik" Folie Nr.: 12

Fachspezifischer Schwerpunkt: Gerontologie
- Einführung: Begriff, Begriffsgeschichte, Ziele, Gebiete, Personen, Alternstheorien
- Reflexive Gerontologie

Fachspezifischer Schwerpunkt: Lebensbegleitende Aspekte der Biologie des Alterns
- Einführung: Begriff, Ziele, Gebiete
- Anthropologie

Fachspezifischer Schwerpunkt: Lebensbegleitende Aspekte der Geriatrie
- Einführung: Begriff, Ziele, Gebiete
- Soziogenese: Körperliche Gesundheit und Krankheit im Alter
- Prävention und Rehabilitation bei körperlichen Krankheiten im Alter: Gesundheitslernen
- Schulmedizin und Alternative Heilmethoden

Fachspezifischer Schwerpunkt: Lebensbegleitende Aspekte der Gerontopsychiatrie
- Einführung: Begriff, Ziele, Gebiete
- Soziogenese: Psychische Gesundheit und Krankheit im Alter
- Prävention und Rehabilitation bei psychischen Krankheiten im Alter
- Strukturformen der Sozialen Integration

Fachspezifischer Schwerpunkt: Lebensbegleitende Aspekte der Pflegewissenschaft
- Einführung: Begriff, Ziele, Gebiete
- Altenpflege
- Pflegende Angehörige

Fachspezifischer Schwerpunkt: Lebensbegleitende Aspekte der Gerontopsychologie
- Einführung: Begriff, Ziele, Gebiete
- Entwicklungspsychologie
- Sozialpsychologie
- Transpersonale Psychologie
- Lebenslauftheorien und Biografiearbeit
- Identität im Lebenslauf
- Einstellungen, Verhalten, Intelligenz im Lebenslauf

- Entfaltung der Emotionalität und Sexualität im Lebenslauf
- Sterben, Tod, Suizid

Fachspezifischer Schwerpunkt: Lebensbegleitende Aspekte der Gerontosoziologie

- Einführung: Begriff, Ziele, Gebiete
- Sozialer Wandel und Altersstruktur
- Sozialisation und Lebenslauf: Primäre, Sekundäre, Tertiäre Sozialisation
- Soziologie der Lebensphasen
- Soziologie des Wohnens
- Soziologie der Familie
- Soziologie der Sexualität
- Soziologie der Erziehung und Bildung
- Soziologie der Intergenerativität/Leben im Generationenverbund
- Soziologie der Medizin
- Soziologische Aspekte des Sterbens, des Todes, des Suizids
- Soziologie der Institutionen und Systeme, Institutionenkunde
- Empirische Methoden der gerontologischen Sozialforschung
- Sozialpolitik: Stellenwert der Älteren in der Sozialpolitik, Sozialpolitische Innovationen
- Sozialpolitik: Altenhilfe und Altenarbeit

Fachspezifischer Schwerpunkt: Geragogik

- Einführung: Begriff, Begriffsgeschichte, Ziele, Gebiete, Personen
- Reflexive Geragogik
- Gerontologische Aspekte der Erziehungswissenschaft
- Didaktik und Methodik, Präsentationstechniken
- Kommunikationstheorien, Kommunikationstechniken, Gesprächsführung
- Gruppen, Gruppendynamik, Gruppenarbeit
- Bildung und Lernen im Alter
- Denken und Intelligenz im Alter
- Freizeit, Kultur und Spiel im Alter

Die hier aufgeführten fachspezifischen Schwerpunkte sollten im Rahmen der Fortbildung »Geragogik« möglichst alle behandelt werden. Die Ergänzung weiterer Themen und die spezifische Ausprägung und Ausgestaltung der Themen und fachspezifischen Schwerpunkte obliegt den Interessen der Lehrenden und Lernenden.

Fachspezifischer Schwerpunkt: ??? etc.

Die Ergänzung weiterer fachspezifischer Schwerpunke, die durch »??? etc.« gekennzeichnet wird, obliegt ebenso den Interessen der Lehrenden und Lernenden.

2.7.2 Integration der fachspezifischen Schwerpunkte in die Phasenstruktur

Inhalte der Fortbildung "Geragogik"

Fachspezifische Schwerpunkte:

| Schwerpunkt "Gerontologie" | Schwerpunkt "Biologie des Alterns" | Schwerpunkt "Geriatrie" | Schwerpunkt "Gerontopsychiatrie" | Schwerpunkt "Pflegewissenschaft" | Schwerpunkt "Gerontopsychologie" | Schwerpunkt "Gerontosoziologie" | Schwerpunkt "Geragogik" | Schwerpunkt "???" etc. |

- Erste Phase: Motivation
- Zweite Phase: Kenntnisse
- Dritte Phase: Konzepte
- Vierte Phase: Kompetenzen

1. Fortbildung "Geragogik" Folie Nr.: 13

Für alle fachspezifischen Schwerpunkte und ihre einzelnen Themen ist beim Aufbau der Fortbildungseinheiten zugleich die Phasenstruktur der Fortbildung »Geragogik« zu berücksichtigen. Denn die Phasenstruktur der Fortbildung ist der Fortbildung als Ganzes und jedem ihrer Teile hinterlegt.

Das bedeutet, dass auch für den Aufbau der fachspezifischen Schwerpunkte und für den ihrer einzelnen Themen mit der Phase der Motivation begonnen wird, der die Phase der Kenntnisaneignung, die Phase der

Konzeptentwicklung und im Anschluss daran die Phase der Kompetenzerlangung folgt. So geht es in den ersten Fortbildungseinheiten zu den verschiedenen Themen der fachspezifischen Schwerpunkte zunächst um die Weckung der *Motivation* der Lehrenden und Lernenden. Denn die Lehr- und Lernziele der verschiedenen Themen der fachspezifischen Schwerpunkte können nur erreicht werden, wenn genügend Motivation zu ihrer Bearbeitung vorhanden ist. Für das Thema »Prävention und Rehabilitation bei körperlichen Krankheiten im Alter« aus dem fachspezifischen Schwerpunkt »Lebensbegleitende Aspekte der Geriatrie« könnte das beispielsweise heißen, dass sich Lehrende und Lernende die folgenden Fragen beantworten:

- Warum möchte ich über mögliche Einschränkungen durch körperliche Krankheiten im Alter lehren?
- Warum möchte ich etwas über mögliche Einschränkungen durch körperliche Krankheiten im Alter lernen?

Zur Weckung dieser themenspezifischen Motivation, und somit zur Beantwortung der oben genannten Fragen, kann beispielsweise eine Besichtigung einer gerontotechnischen Ausstellung unternommen werden.

Erst wenn die Motivation geweckt und ein eigenes Interesse am Thema entwickelt wurde, kann die zweite Phase begonnen werden. In der zweiten Phase, das heißt in den folgenden Fortbildungseinheiten zu diesem Thema, geht es dann darum, sich möglichst viele fach- und themenspezifische *Kenntnisse* anzueignen. Dazu werden die entsprechenden geriatrischen Forschungsergebnisse erarbeitet und mit den Interessen der Lehrenden und Lernenden abgestimmt. Die Frage, die sich Lehrende und Lernende in dieser zweiten Phase für das oben genannte Thema zu beantworten haben, könnte dann beispielsweise lauten:

- Wie erfahre ich möglichst viel über mögliche Einschränkungen durch körperliche Krankheiten im Alter?

Zu dieser themenspezifischen Kenntnisaneignung, und somit zur Beantwortung der gestellten Frage, kann zum Beispiel die Einladung eines Geriaters oder der Besuch einer geriatrischen Abteilung eines Krankenhauses angeregt werden.

Erst wenn die Motivationsphase und die Kenntnisphase abgeschlossen sind, ein eigenes Interesse am Thema entwickelt und umfangreiche Kenntnisse vom Thema erarbeitet wurden, ist eine Sicherheit im Umgang mit dem Thema erreicht, mit der die dritte Phase begonnen werden

kann. In der dritten Phase geht es um die Entwicklung eines eigenen themenspezifischen *Konzeptes* der Lehrenden und Lernenden. Für das Thema »Prävention und Rehabilitation bei körperlichen Krankheiten im Alter« aus dem fachspezifischen Schwerpunkt »Lebensbegleitende Aspekte der Geriatrie« könnte dann beispielsweise eine Frage lauten:
- Wie finde ich *mein* Konzept zum Thema Umgang mit altersbedingten körperlichen Einschränkungen?

Es geht darum, dass sich Lehrende und Lernende in den folgenden Fortbildungseinheiten ein eigenes themenspezifisches Konzept erarbeiten. Das kann, anhand eines Fallbeispieles, die Beantwortung der folgenden Frage sein: Welche neuen Wege für den Umgang mit seinen altersbedingten körperlichen Einschränkungen würde ich diesem älteren Mann aufzeigen?

Die vierte Phase, die Phase in der es um die Erlangung der *Kompetenzen* für die Praxis geht, kann erst in den Abschlusseinheiten der verschiedenen Themen der fachspezifischen Schwerpunkte eingeleitet werden. Denn erst wenn genügend Motivation am Thema vorhanden, Sicherheit im Umgang mit dem Thema erreicht und ein eigenes themenspezifisches Konzept erstellt wurde, können die erlernten Theorien und Kenntnisse individuell angewandt, neu zum Leben erweckt und gesellschaftlich kulturell eingeordnet werden. Das heißt, die gesellschaftlich kulturelle Einordnung der verschiedenen Themen der fachspezifischen Schwerpunkte ist notwendig, weil nur diese Einordnung die vernetzten Systeme aus Kultur-, Freizeit-, Bildungs-, Sozialarbeit und Gesundheitslernen verdeutlicht und die Sicht auf Alternativen ermöglicht. Und erst das Erkennen dieser vernetzten Systeme und die Sicht auf Alternativen ermöglicht die Entwicklung einer eigenständigen professionellen Identität und die Verfolgung *eigener* Ziele und schafft damit die Voraussetzungen für die Erlangung der Kompetenzen für die Praxis. Die Frage, die sich Lehrende und Lernende in dieser vierten Phase zu beantworten haben, könnte für das genannte Thema aus dem fachspezifischen Schwerpunkt »Lebensbegleitende Aspekte der Geriatrie« beispielsweise lauten:
- Wo sind *meine* Kompetenzen beim Thema Umgang mit altersbedingten körperlichen Einschränkungen?

Es geht also darum, dass sich Lehrende und Lernende die notwendigen Fach-, Methoden-, Sozial- und Personalkompetenzen aneignen, die für die Begleitung Älterer in Bezug auf das jeweilige Thema des fachspezifischen Schwerpunktes notwendig sind. So könnten hier, beispielsweise in einem Rollenspiel, die verschiedenen Kompetenzen eingeübt werden, die benötigt werden, um unterschiedliche Umgangsformen mit altersbedingten körperlichen Einschränkungen darzustellen.

2.7.3 Kontextbereiche

Die im Curriculum der Fortbildung »Geragogik« vorgeschlagenen Kontextbereiche ergeben sich aus den lebensweltlichen Rahmenbedingungen älterer Menschen. Um die lebensweltlichen Rahmenbedingungen älterer Menschen und damit die Kontextbereiche festlegen zu können, wurden verschiedene wissenschaftliche Erkenntnisse zugrunde gelegt.

Die *wissenschaftlichen Grundlagen*, die der Bestimmung der lebensweltlichen Rahmenbedingungen und somit auch den Kontextbereichen dieses Curriculums hinterlegt sind, werden im Folgenden kurz erläutert.

Sich mit Menschen und ihren lebensweltlichen Rahmenbedingungen, ihrer Lebenswelt, Alltagswelt oder Umwelt, um nur einige Begriffe dafür zu nennen, auseinander zu setzen, ist der Soziologie inhärent. Von daher haben sich fast alle Soziologinnen und Soziologen in sehr unterschiedlicher Art und Weise mit den lebensweltlichen Rahmenbedingungen der Menschen auseinandergesetzt.

Für das Curriculum und die Fortbildung »Geragogik« leitet sich die wissenschaftliche Grundlage der lebensweltlichen Rahmenbedingungen von der »Analyse der Lebenswelt« nach Alfred Schütz ab. »Die alltägliche Wirklichkeit der Lebenswelt schließt also nicht nur die von mir erfahrene ›Natur‹, sondern auch die Sozial- und Kulturwelt, in der ich mich befinde, ein« (Schütz; Luckmann 1979/1984: 29).

Die Forschungsergebnisse von Alfred Schütz haben Peter Berger und Thomas Luckmann in ihrem wissenssoziologischen Ansatz weiterentwickelt. In der Wissenssoziologie nehmen sie eine »Analyse der Alltagswelt« vor, um die »Gesellschaftliche Konstruktion der Wirklichkeit« (Berger/Luckmann 1966) detailliert zu erläutern. Für sie besteht das Paradoxon der gesellschaftlichen Welt darin, dass sie sich ausschließlich als Produkt des Menschen darstellt, dieser dieses Produkt aber anders erlebt, als er es selbst geschaffen hat (vgl. de Vries 2005).

»Gesellschaft ist ein menschliches Produkt. Gesellschaft ist eine objektive Wirklichkeit. Der Mensch ist ein gesellschaftliches Produkt« (Berger; Luckmann 1966/1974: 65).

Der wesentliche Unterschied zu anderen soziologischen Theorietraditionen besteht darin, dass die lebensweltlichen Rahmenbedingungen der

Menschen hier nicht stabil oder statisch betrachtet werden, sondern dass sich diese im gesamten Lebensverlauf in einem dynamischen Interpretations- und Deutungsprozess, also in ständiger Auseinandersetzung mit der gesellschaftlichen und kulturellen Wirklichkeit, entwickeln und entfalten und dabei genau diese Wirklichkeit konstruieren.

Auf diesen wissenschaftlichen Grundlagen basiert auch die Theorie der »Tertiären Sozialisation« von Ludger Veelken. Altern bedeutet für Veelken, den jeweiligen Prozess des gesellschaftlichen Wandels auf der jeweils eigenen Ebene der Entfaltung nachzuvollziehen. Als evolutionäre Sozialisationstheorie geht die »Tertiäre Sozialisation« davon aus, dass die drei miteinander vernetzten Komponenten *Kultur* (Theorien, Bücher, Technologien etc.), *Gesellschaft* (Organisationen, Rechtsnormen, Institutionen etc.) und *Individuum* (lebenslanger Identitäts- und Sozialisationsprozess) die menschliche Lebenswelt bilden (vgl. Veelken 1990: 46f).

Dieser Prozess kann den jeweiligen Lebensphasen entsprechend in verschiedene Sequenzen unterteilt werden. Die *primäre Sozialisation* bezeichnet die Sozialisation des Kindes. Die *sekundäre Sozialisation* umfasst den komplexer werdenden Prozess gesellschaftlicher Einwirkungen im Jugend- und Erwachsenenalter. Während die Sozialisation im Alter als *tertiäre Sozialisation* charakterisiert wird.

»Tertiäre Sozialisation geht davon aus, dass der Prozess der Interdependenz von Gesellschaft und Individuum im Prozess des Alterns nicht endet, sondern dass für die Alterskohorte der älteren Erwachsenen und alten Menschen durch Selbsttransformation und Wandlung der Zugang zu zukunftsbezogener Innovation möglich ist. Durch neue Muster im Wachstumsprozess des Alterns ist ein qualitativer Zuwachs im Vergleich zum Kinder- und Jugendalter möglich« (Veelken 1990: 45).

Diese wissenschaftlichen Grundlagen und Erkenntnisse sind den Kontextbereichen und damit auch den Inhalten der Fortbildung »Geragogik« theoretisch hinterlegt.

Des Weiteren werden Aspekte der ökologischen Gerontologie insofern berücksichtigt, als dass davon ausgegangen wird, dass die lebensweltlichen Rahmenbedingungen älterer Menschen Umweltgegebenheiten sind, die von ihnen dann als Umweltanforderungen betrachtet werden, wenn sie dazu geeignet sind, individuelle Bedürfnisse zu aktivieren. Dabei besteht der Anforderungscharakter der Umweltgegebenheiten unabhängig davon, ob die Anforderung faktisch gegeben ist, oder allein durch den Menschen subjektiv als solcher wahrgenommen wird (vgl. Lawton 1982. Zitiert nach Saup 1993: 33). Das Verhalten der (älteren)

Menschen ist demnach abhängig vom eigenen Kompetenzgrad und den Anforderungsstrukturen der Umweltsituation. Dieses Anforderungs-Kompetenz-Modell von Lawton geht davon aus, dass der Kompetenzgrad eines Menschen von niedrig bis hoch und die Umweltanforderungen von schwach bis stark variieren. Das Verhalten und die Emotionen des (älteren) Menschen sind das Resultat aus einem bestimmten eigenen Kompetenzgrad und einer bestimmten Anforderungsstruktur, die entweder wahrgenommen und genutzt wird, oder die auf den Menschen einwirkt.

Unterstellt wird, dass jeder Mensch die Tendenz hat, das Adaptionsniveau zu erreichen, nämlich jenen Punkt, an dem die Erfahrung einer Stimulierung durch die Umwelt minimal wird. Je geringer der Kompetenzgrad eines Menschen ist, desto schwächer kann die Umweltanforderung sein, um dieses Adaptionsniveau zu erreichen. Je höher der Kompetenzgrad eines Menschen ist, desto stärker kann die Umweltanforderung sein, um das Adaptionsniveau zu erreichen.

Negative Verhaltenseffekte und negative Emotionen entstehen – in Abhängigkeit vom Kompetenzgrad des Menschen – sowohl bei übermäßig starken, als auch bei übermäßig schwachen Umweltanforderungen. Des Weiteren geht Lawton davon aus, dass die Bedeutsamkeit von Umweltgegebenheiten für das Verhalten und die Emotionen des Menschen zunimmt, wenn die Kompetenzen des Menschen abnehmen (vgl. Lawton 1982. Zitiert nach Saup 1993: 34f).

Neben diesen wissenschaftlichen Grundlagen und Erkenntnissen bezieht sich die *praktische Auswahl* der Kontextbereiche insbesondere auf die Ergebnisse, die der Deutsche Bundestag im Schlussbericht der Enquête-Kommission »Demographischer Wandel – Herausforderungen unserer älter werdenden Gesellschaft an den Einzelnen und die Politik« (März 2002) und das Bundesministerium für Familie, Senioren, Frauen und Jugend im »Vierten Bericht zur Lage der älteren Generation« (April 2002) vorgelegt haben.

»Für die Untersuchung der Lebensqualität im Alter ergibt sich daraus die Konsequenz, bestimmten Aspekten der Lebensverhältnisse besondere Aufmerksamkeit zu widmen. Aspekte wie körperliche und seelische Gesundheit, soziale Kontakte zu Familie und Freunden, materielle Lage und Ausstattung der Wohnung, Möglichkeiten zur Mobilität sowie medizinische und soziale Betreuung rücken im hohen Alter in den Mittelpunkt und erfordern entsprechende Aufmerksamkeit« (BMFSFJ 2002: 77).

Im Folgenden werden die Kontextbereiche, die im Rahmen der Fortbildung »Geragogik« behandelt werden sollen, und die Begründungen, inwiefern sie die lebensweltlichen Rahmenbedingungen älterer Menschen in besonderer Weise kennzeichnen, ausführlich dargestellt. Dabei beziehen sich die Begründungen der Kontextbereiche sowohl auf die Umweltgegebenheiten, als auch auf die subjektiv empfundenen Umweltanforderungen.

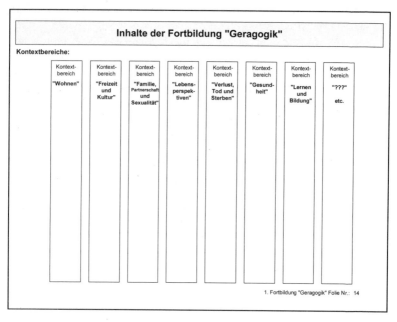

Kontextbereich: Wohnen

»Etwa 95% der über 65-jährigen Menschen in Deutschland leben in privaten Wohnungen. Der Anteil an Tageszeit, die im unmittelbaren Wohnbereich verbracht wird, nimmt im Alter zu. Etwa 80% der alltäglichen Aktivitäten finden innerhalb der eigenen vier Wände statt« (BMFSFJ 2002: 188).

Schon diese Zahlen kennzeichnen das Wohnen als besondere lebensweltliche Rahmenbedingung älterer Menschen. Wohnen erhält mit zunehmendem Alter einen besonderen Stellenwert. Dies gilt nicht nur als Umweltgegebenheit, wie es die Zahlen bereits belegen, sondern wird auch als Umweltanforderung subjektiv empfunden. So kann beispielsweise davon ausgegangen werden, dass das steigende Bedürfnis nach Sicherheit beziehungsweise nach »Schutz vor Kriminalität« im Alter auch mit einem Schutzbedürfnis in der eigenen Wohnung einhergeht (vgl. BMFSFJ 2002: 77).

Kontextbereich: Freizeit und Kultur

»Alte Menschen sind in hohem Maße gesellschaftlich engagiert, wobei sich mit steigendem Alter das ehrenamtliche Engagement verringert. Stärker als bisher müssen gesellschaftliche Rollen gefunden werden, die alten Menschen ein Engagement ermöglichen, das ihren Vorstellungen und Wünschen entspricht« (BMFSFJ 2002: 26).

»Aufgrund der sinkenden Beteiligung alter Menschen an Vereinen und Verbänden kommt mit steigendem Alter den Seniorenorganisationen wachsende Bedeutung zu, die neben einem aktiven gesellschaftlichen Engagement die Möglichkeit zu Freizeitgestaltung und Geselligkeit bieten« (BMFSFJ 2002: 25).

»Die Mitgliedschaft in sozialen oder politischen Organisationen erhöht die Wahrscheinlichkeit regelmäßiger Kontakte und Hilfestellungen in schwierigen Lebenslagen« (BMFSFJ 2002: 210).

Diese Aussagen belegen das hohe gesellschaftliche Engagement älterer Menschen und deuten gleichzeitig auf die Probleme des lebenslangen gesellschaftlichen Engagements hin. Denn es gibt zu wenige gesellschaftliche Rollen, die alten Menschen das Engagement ermöglichen, das ihren Möglichkeiten, Vorstellungen und Wünschen entspricht. Besonders deutlich wird hier aber, dass »Freizeit und Kultur« im gesamten Lebenslauf wichtige lebensweltliche Rahmenbedingungen bleiben. Deswegen werden sie als Kontextbereich in die Fortbildung »Geragogik« integriert.

Kontextbereich: Familie, Partnerschaft und Sexualität

»Enge freundschaftliche Beziehungen sind für alte Menschen von besonderer Bedeutung. Das Verlangen nach Geborgenheit und Sicherheit und der Wunsch, einer Gemeinschaft anzugehören, werden durch Freunde, weniger dagegen durch Kinder oder Ehepartnerinnen und Ehepartner, erfüllt« (BMFSFJ 2002: 210).

»Wenn Faktoren wie Partner- und Kinderlosigkeit sowie geografische Mobilität zusammenkommen, dann besteht in der Regel auch eine relativ große räumliche Distanz zu jenen primären Gruppen, die grundsätzlich als informelle Helfer in Betracht kommen« (Deutscher Bundestag (Hg.) 2002: 245).

Der Kontextbereich »Familie, Partnerschaft und Sexualität« umfasst das breite Spektrum enger persönlicher Beziehungen. Enge persönliche Beziehungen, seien es nun familiäre Beziehungen, freundschaftliche Beziehungen oder Liebesbeziehungen, sind für jeden Menschen in allen Lebensphasen von besonderer Bedeutung. Dies gilt nicht nur für notwendige informelle Unterstützungsleistungen, sondern insbesondere für gefühlvolle Begegnungen im gesamten Leben.

Kontextbereich: Lebensperspektiven

Im Kontextbereich »Lebensperspektiven« geht es zuerst um den Aspekt der »*Visionären Lebensführung*« im Alter. Eine visionäre Lebensführung ist in jeder Lebensphase, so auch im Alter, möglich (vgl. Schäuble 1999). Sie setzt ein sehr positives Altersbild voraus. Ein positives Altersbild ist eine der Grundvoraussetzungen für die Begegnung mit älteren Menschen.

»*Wenn Sie Angst haben vor dem Alter, so haben Sie Angst vor dem Leben!*« (Cesare Parese)

Zum Kontextbereich »Lebensperspektiven« gehört ebenso der Aspekt »*Arbeit und Geld*«. Die eigene Erwerbstätigkeit und die zur Verfügung stehenden finanziellen Mittel spielen als lebensweltliche Rahmenbedingungen im gesamten Lebenslauf eine große Rolle. In einer älter werdenden Gesellschaft wird der Aspekt »*Arbeit und Geld*« in steigendem Maße auch für ältere Menschen eine entscheidende Rolle spielen.

»Angesichts der steigenden Lebenserwartung, der Alterung des Erwerbspotentials und der schrumpfenden Zahl nachwachsender Jahrgänge sieht es die Kommission jedoch als eine wirtschafts-, sozial- und gesellschaftspolitisch wichtige Aufgabe an, die Lebensarbeitsphase auszudehnen und Erwerbsbeteiligung Älterer und das durchschnittliche Rentenzugangsalter zu erhöhen. Dies erfordert jedoch einen integrierten Ansatz hinsichtlich der Sozial- und Steuerpolitik sowie der Personalpolitik der Unternehmen und nicht zuletzt der Bildungspolitik« (Deutscher Bundestag (Hg.) 2002: 160).

Des Weiteren geht es in diesem Kontextbereich um Aspekte wie »*Glauben und Spiritualität*«, »*Feminisierung des Alters*« und »*Sicherheitsbedürfnisse*«.

»Diejenigen Bereiche, die für ältere Menschen einen höheren Stellenwert einnehmen als für jüngere, sind ›Gesundheit‹, ›Glaube‹ und ›Schutz vor Kriminalität‹ [...] Schließlich entspricht es auch der Erwartung, dass angesichts der mit zunehmendem Alter stärker in den Vordergrund des

Bewusstseins tretenden Endlichkeit des Daseins, Religion und Glaubensfragen älteren Menschen mehr bedeuten als jüngeren« (BMFSFJ 2002: 77). Frauen sind aufgrund ihrer höheren Lebenserwartung und der damit verbundenen Überrepräsentanz in der Gruppe der alten und vor allem hochbetagten Menschen in zunehmendem Maße von altersbedingten chronischen Erkrankungen, Multimorbidität und Behinderung betroffen (vgl. BMFSFJ 2002: 29).

Des Weiteren sind es, aus gleicher Ursache, ältere Frauen, die in besonderem Maße von Verwitwung und dem Verlust sozialer Kontakte, das heißt von der Ausdünnung der sozialen Netzwerke betroffen sind. »Zusammenfassend kann festgestellt werden, dass die substanziellen Verlusterfahrungen, die mit dem hohen und sehr hohen Alter verbunden sind, vor allem von Frauen erfahren werden bzw. zu ertragen sind« (BMFSFJ 2002: 191).

Auf die steigenden »Sicherheitsbedürfnisse« älterer Menschen wurde schon im Rahmen des Kontextbereiches »Wohnen« hingewiesen. Im Rahmen des Kontextbereiches »Lebensperspektiven« werden die genannten Aspekte mit dem Ziel aufgearbeitet, ältere Menschen bei einer visionären Lebensführung aktiv begleiten zu können.

Kontextbereich: Verlust, Tod und Sterben

»Die zahlenmäßige Zunahme von Menschen im hohen Lebensalter gibt dem Erhalt der Würde Hochaltriger und dem Thema Sterben, Tod und Trauer eine große Bedeutung. Familiäre Betreuungsmöglichkeiten haben sich gewandelt und die Phase der Auseinandersetzung mit Fragen der Beendigung des Lebens hat sich verlängert« (BMFSFJ 2002: 29).

Die Lebensphase Alter ist die Lebensphase des Menschen, in der er sich verstärkt mit dem Verlust des sozialen Umfeldes, dem Verlust von Partnerinnen und Partnern, dem fremden und dem eigenen Tod und dem fremden und dem eigenen Sterben auseinandersetzen muss. Von daher ist ein Kontextbereich zum Thema »Verlust, Tod und Sterben« eine unabdingbare Voraussetzung für eine Fortbildung zur Begleitung älterer Menschen.

Kontextbereich: Gesundheit

»Der Gesundheitszustand und die gesundheitliche Versorgung der Menschen im hören Lebensalter werden in der Zukunft zunehmend eine Rolle spielen, was in dem überproportionalen Zuwachs von Menschen im höheren Lebensalter gemessen an der Gesamtpopulation der Bundesrepublik Deutschland begründet liegt. [...] Die zentrale Stellung der gesundheitlichen Verfassung für Lebensqualität im Alter ist für hochaltrige Menschen noch ausgeprägter als für alte Menschen im Allgemeinen« (BMFSFJ 2002: 21).

Die eigene Gesundheit erhält mit zunehmendem Alter einen besonderen Stellenwert. Dies gilt nicht nur als Umweltgegebenheit, weil die »Biologie des Alterns« körperliche Funktionen neu bestimmt, sondern der besondere Stellenwert der Gesundheit im Alter wird auch subjektiv empfunden.

Kontextbereich: Lernen und Bildung

»Lernen und Bildung« nehmen in unserer Gesellschaft einen zunehmend höheren Stellenwert ein. Lebenslanges Lernen und lebenslange Bildung sind die lebensweltlichen Rahmenbedingungen, ohne die eine zukünftige Teilhabe am kulturellen und gesellschaftlichen Entwicklungsprozess nicht mehr möglich sein wird.

Von daher ist eine Auseinandersetzung mit den Lern- und Bildungsprozessen im Alter eine unabdingbare Voraussetzung für eine Fortbildung »Geragogik«, auch wenn die Notwendigkeit von Lern- und Bildungsprozessen im Alter bisher weder als Umweltgegebenheit betrachtet, noch als subjektiv empfundene Umweltanforderungen erlebt wird.

»›Lebenslanges Lernen‹ muss zu einem bestimmenden Prinzip im Erwerbsleben für alle Beschäftigten-, Berufs- und Altersgruppen werden. [...] Jeder Einzelne muss in jeder Lebensphase bedarfs- und begabungsgerechte Weiterbildungsangebote wahrnehmen können, um sich flexibel auf neue Herausforderungen im Beruf einstellen zu können« (Deutscher Bundestag (Hg.) 2002: 85).

»Eine Strategie zur Ausdehnung der Lebensarbeitsphase erfordert vor allem Qualifizierungsmaßnahmen, insbesondere auch die Weiterqualifizierung Älterer. Humankapital ist eine zentrale Quelle für Produktivität« (Deutscher Bundestag (Hg.) 2002: 160).

Die hier aufgeführten Kontextbereiche sollten im Rahmen der Fortbildung »Geragogik« alle behandelt werden. Die spezifische Schwerpunktsetzung, die Ausprägung und die Ausgestaltung der einzelnen Bereiche obliegt den Interessen der Lehrenden und Lernenden.

Fortbildung »Geragogik« – Konzept und Curriculum

Kontextbereich: ??? etc.

Die Ergänzung weiterer Kontextbereiche, die durch »??? etc.« gekennzeichnet wird, obliegt ebenso den Interessen der Lehrenden und Lernenden.

2.7.4 Integration der Kontextbereiche in die Phasenstruktur

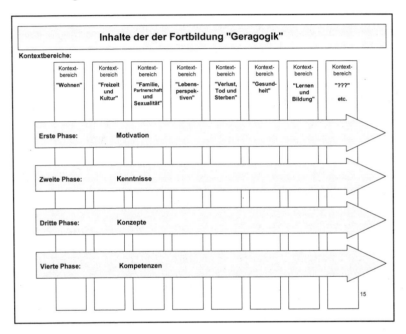

Für alle Kontextbereiche ist, wie für die fachspezifischen Schwerpunkte, beim Aufbau der Fortbildungseinheiten ebenfalls die Phasenstruktur der Fortbildung »Geragogik« zu berücksichtigen, da diese der Fortbildung als Ganzes und jedem ihrer Teile hinterlegt ist.

Das bedeutet, dass es auch in den ersten Fortbildungseinheiten der Kontextbereiche zunächst um die Weckung der *Motivation* der Lehrenden und Lernenden geht. Denn auch die Lehr- und Lernziele der Kontextbereiche können nur erreicht werden, wenn genügend Motivation zu ihrer Bearbeitung vorhanden ist. Für den Kontextbereich »Wohnen« könnte das beispielsweise heißen, dass sich Lehrende und Lernende in dieser ersten Phase die folgenden Fragen beantworten:

- Warum möchte ich über das Wohnen im Alter lehren?

- Warum möchte ich etwas über das Wohnen im Alter lernen?

Für die Weckung dieser themenspezifischen Motivation, beziehungsweise für die Beantwortung der hier gestellten Fragen, kann zum Beispiel das Aufarbeiten der (Un)Zufriedenheit mit der eigenen Wohnsituation gehören.

Erst wenn die Motivationsphase abgeschlossen und ein eigenes Interesse am Kontextbereich entwickelt wurde, kann die zweite Phase begonnen werden. In dieser zweiten Phase geht es darum, möglichst viele *Kenntnisse* über die verschiedenen Kontextbereiche zu erlangen. Dazu werden die entsprechend themenspezifischen, gerontologischen Forschungsergebnisse erarbeit und mit den Interessen der Lehrenden und Lernenden abgestimmt. Die Frage, die sich Lehrende und Lernende in dieser zweiten Phase zu beantworten haben, könnte zum Beispiel für den Kontextbereich »Wohnen« lauten:

- Wie erfahre ich möglichst viel über das Thema Wohnen im Alter?

Das bedeutet, dass es in den folgenden Fortbildungseinheiten zum Kontextbereich »Wohnen« zunächst um die Aneignung von Kenntnissen zum Thema Wohnen im Alter geht. Dazu können zum Beispiel das eigene Wohnkonzept betrachtet und verschiedene alternative Wohnkonzepte erarbeitet werden.

Erst wenn die Motivationsphase und die Kenntnisphase abgeschlossen sind und damit ein eigenes Interesse am Kontextbereich entwickelt und umfangreiche Kenntnisse vom Kontextbereich erarbeitet wurden, ist auch hier eine Sicherheit im Umgang mit dem Thema erreicht, mit der die dritte Phase begonnen werden kann. In der dritten Phase steht die Entwicklung eines eigenen themenspezifischen *Konzeptes* der Lehrenden und Lernenden im Mittelpunkt. Für den Kontextbereich »Wohnen« könnte beispielsweise die Frage, die sich Lehrende und Lernende in dieser dritten Phase zu beantworten haben, lauten:

- Wie finde ich *mein* Konzept zum Thema Wohnen im Alter?

Es geht darum, dass sich Lehrende und Lernende in den folgenden Fortbildungseinheiten des Kontextbereiches ein eigenes themenspezifisches Konzept erarbeiten. Dabei kann es sich zum Beispiel, im Rahmen eines Fallbeispieles zum Thema Wohnen im Alter, um die Beantwortung der Frage handeln: Welche verschiedenen Wohnmöglichkeiten würde ich dieser älteren Frau vorstellen?

Erst in den Abschlusseinheiten des jeweiligen Kontextbereiches, also erst wenn genügend themenspezifische Motivation vorhanden ist, die Sicherheit im Umgang mit dem Thema erreicht und ein eigenes themenspezifisches Konzept erstellt wurde, kann die vierte Phase eingeleitet werden. In dieser vierten Phase geht es um die Erlangung der *Kompetenzen* für die Praxis. Diese können aber erst erlangt werden, wenn Lehrende und Lernende eine konzeptionelle Vorstellung von dem haben, was sie wem, warum und wie vermitteln möchten. Dazu ist es notwendig, die erlernten Theorien und Kenntnisse individuell anzuwenden und neu zum Leben zu erwecken. Das heißt, auch hier ist die gesellschaftlich kulturelle Einordnung des entsprechenden Kontextbereiches notwendig, da nur diese Einordnung die vernetzten Systeme aus Kultur-, Freizeit-, Bildungs-, Sozialarbeit und Gesundheitslernen verdeutlicht und die Sicht auf Alternativen ermöglicht. Denn erst das Erkennen dieser vernetzten Systeme und die Sicht auf Alternativen ermöglicht die Entwicklung einer eigenständigen professionellen Identität und die Verfolgung *eigener* Ziele und schafft damit die Voraussetzungen für die Erlangung der Kompetenzen für die Praxis. Die Frage, die sich Lehrende und Lernende in dieser vierten Phase zum Beispiel für den Kontextbereich »Wohnen« zu beantworten haben, könnte lauten:

- Wo sind *meine* Kompetenzen beim Thema Wohnen im Alter?

Insgesamt geht es darum, dass sich Lehrende und Lernende die notwendigen Fach-, Methoden-, Sozial- und Personalkompetenzen aneignen, die für die Begleitung Älterer in Bezug auf den jeweiligen Kontextbereich notwendig sind. Auch hier könnten beispielsweise in einem Rollenspiel zum Thema Wohnen im Alter die entsprechenden Kompetenzen eingeübt werden, die benötigt werden, um unterschiedliche Wohnmöglichkeiten wirklich adressatenbezogen zu präsentieren.

2.8 Unterrichtsbeispiele: Wohnen mit altersbedingten körperlichen Einschränkungen

Im Folgenden wird verdeutlicht, wie sich die Konkretisierung der fachspezifischen Schwerpunkte an den Kontextbereichen oder die Konkretisierung der Kontextbereiche an den fachspezifischen Schwerpunkten und ihre Integration in die Phasenstruktur der Fortbildung »Geragogik« vollziehen kann.

Die Handhabbarkeit der Komplexität des Curriculums der Fortbildung »Geragogik« wird dadurch erreicht, dass sich die bisher einzeln dargestellten Prozesse der Integration in der Praxis des Lehrens und Ler-

nens gebündelt vollziehen. Diese Bündelung soll hier beispielhaft aufgezeigt werden.
In *jeder Fortbildungseinheit* vollzieht sich folgender gemeinsamer Prozess des Lehrens und Lernens:
- Das Thema eines fachspezifischen Schwerpunktes wird immer an einem (oder mehreren) Kontextbereich konkretisiert. Oder umgekehrt, das heißt der Kontextbereich wird als Thema immer an einem (oder mehreren) fachspezifischen Schwerpunkt konkretisiert.
- Der Aufbau und die Struktur der Fortbildung wird für Lehrende und Lernende geöffnet. Das bedeutet, dass nicht nur der Aufbau und die Struktur der jeweiligen Fortbildungseinheit erläutert wird, sondern dass diese auch in die Phasenstruktur der Fortbildung »Geragogik« insgesamt eingeordnet wird.
- Die Didaktik und Methodik des »Offenen Unterrichts« wird dreifach angewandt. Sie ist nicht nur der Fortbildung im allgemeinen und der jeweiligen Fachdidaktik im speziellen hinterlegt, sondern wird auch für die Lernenden geöffnet. Das heißt, die angewandte Didaktik und Methodik der jeweiligen Fortbildungseinheit wird thematisiert und ist damit gleichzeitig Teil des Unterrichts.

Zu *Beginn jeder Fortbildungseinheit* werden die Themen, die Einordnung in die Phasenstruktur der Fortbildung und die Didaktik und Methodik erläutert. Dazu können beispielsweise die nachstehenden Folien der beiden Unterrichtsbeispiele dienen.

2.8.1 Unterrichtsbeispiel 1

In diesem 1. Unterrichtsbeispiel würde die Fortbildungseinheit mit folgenden Hinweisen der Veranstaltenden beziehungsweise Lehrenden beginnen:
- In dieser Fortbildungseinheit geht es um das Thema »Prävention und Rehabilitation bei körperlichen Krankheiten im Alter« aus dem fachspezifischen Schwerpunkt »Lebensbegleitende Aspekte der Geriatrie«. Mit diesem Thema haben wir uns schon beschäftigt. Hier be-

Fortbildung »Geragogik« – Konzept und Curriculum

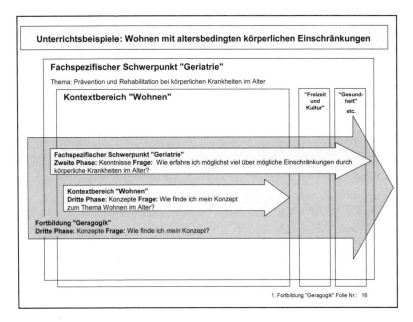

finden wir uns in der zweiten Phase, das heißt, es geht in dieser Fortbildungseinheit darum, dass sie möglichst viel über mögliche Einschränkungen durch körperliche Krankheiten im Alter erfahren (Hauptziele: fachspezifischer Schwerpunkt und Kenntnisse).

- Heute konkretisieren wir das Thema »Prävention und Rehabilitation bei körperlichen Krankheiten im Alter« aus dem fachspezifischen Schwerpunkt »Lebensbegleitende Aspekte der Geriatrie« am Kontextbereich »Wohnen«, mit dem wir uns schon sehr ausführlich beschäftigt haben. Hier befinden wir uns in der dritten Phase, das heißt, es geht in dieser Fortbildungseinheit auch darum, dass sie weiter an ihrem eigenen Konzept zum Thema Wohnen im Alter arbeiten (Teilziele: Kontextbereich und Konzepte).
- Mit der Fortbildung insgesamt befinden wir uns in der dritten Phase, der Phase der Konzeptentwicklung. Das bedeutet, dass die eigene Konzeptentwicklung für Lehrende und Lernende zur Zeit den Schwerpunkt der Fortbildung bildet. Die Unterstützung dieses Fortbildungsschwerpunktes erreichen wir heute mit zusätzlichen Kenntnissen aus dem fachspezifischen Schwerpunkt »Lebensbegleitende Aspekte der Geriatrie« für die weitere Erarbeitung ihrer Konzepte zum Thema Wohnen im Alter (Teilziel: Fortbildung »Geragogik«).

- Als Didaktik und Methodik dieser Fortbildungseinheit wird zuerst ein *Fachvortrag* zum Thema »Prävention und Rehabilitation bei körperlichen Krankheiten im Alter« mit anschließender *Diskussion* vorgeschlagen. Danach kann das Thema in *Einzelarbeit* vertieft und gegebenenfalls schon auf ihr eigenes Konzept zum Thema Wohnen im Alter angewandt werden. Dazu steht das vom Referenten eingebrachte, sowie das am Veranstaltungsort vorhandene Material und das Internet zur Verfügung. Zum Abschluss der Fortbildungseinheit soll ein *Gruppengespräch* stattfinden, in dem die Fortbildungseinheit ausgewertet wird (Teilziele: Didaktik und Methodik).

Werden die Schwerpunkte der Fortbildungseinheit anders gesetzt, ändern sich zugleich die Ziele und damit auch die Hinweise. So könnte zum selben Zeitpunkt, wie Unterrichtsbeispiel 1, auch das nachfolgende 2. Unterrichtsbeispiel stattfinden.

2.8.2 Unterrichtsbeispiel 2

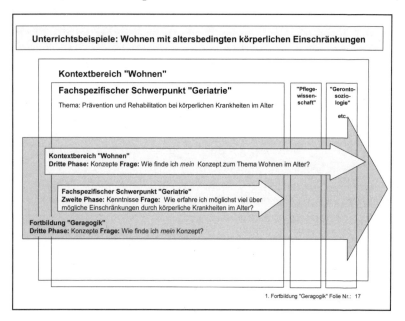

In diesem 2. Unterrichtsbeispiel würde die Fortbildungseinheit dann mit den folgenden Hinweisen beginnen:

Fortbildung »Geragogik« – Konzept und Curriculum

- In dieser Fortbildungseinheit geht es um den Kontextbereich »Wohnen«, mit dem wir uns schon ausführlich beschäftigt haben. Hier befinden wir uns in der dritten Phase, das heißt, es geht in dieser Fortbildungseinheit darum, dass sie ein eigenes Konzept zum Thema Wohnen im Alter finden (Hauptziele: Kontextbereich und Konzepte).
- Heute konkretisieren wir den Kontextbereich »Wohnen« am Thema »Prävention und Rehabilitation bei körperlichen Krankheiten im Alter« aus dem fachspezifischen Schwerpunkt »Lebensbegleitende Aspekte der Geriatrie«. Mit diesem Thema haben wir uns auch schon beschäftigt. Hier befinden wir uns in der zweiten Phase, das heißt, es geht in dieser Fortbildungseinheit auch darum, dass sie möglichst viel über mögliche Einschränkungen durch körperliche Krankheiten im Alter erfahren (Teilziele: fachspezifischer Schwerpunkt und Kenntnisse).
- Mit der Fortbildung insgesamt befinden wir uns in der dritten Phase, der Phase der Konzeptentwicklung. Das bedeutet, dass die eigene Konzeptentwicklung für Lehrende und Lernende zur Zeit den Schwerpunkt der Fortbildung bildet. Die Unterstützung dieses Fortbildungsschwerpunktes erreichen wir heute mit der Erarbeitung ihrer Konzepte zum Thema Wohnen im Alter (Teilziel: Fortbildung »Geragogik«).
- Als Didaktik und Methodik dieser Fortbildungseinheit wird zuerst ein *Referentengespräch* mit anschließendem *Gruppengespräch* vorgeschlagen. Danach können *Kleingruppen* gebildet und die Themen vertieft werden. Dazu kann das vom Referenten eingebrachte, sowie das am Veranstaltungsort vorhandene Material genutzt oder im Internet recherchiert werden. Zum Abschluss der Fortbildungseinheit soll es eine *Diskussion* geben, in der die Ergebnisse vorgestellt, zusammengeführt und die Fortbildungseinheit insgesamt ausgewertet wird (Teilziele: Didaktik und Methodik).

Für dieses 2. Unterrichtsbeispiel soll an dieser Stelle ein möglicher weiterer Verlauf der Fortbildungseinheit beschrieben werden, um daran noch einige andere Möglichkeiten und Chancen des Curriculums der Fortbildung »Geragogik« zu verdeutlichen. Die im 2. Unterrichtsbeispiel beschriebene Fortbildungseinheit könnte beispielsweise diesen Verlauf nehmen:

- Das *Referentengespräch* wird eingeleitet, indem die Referenten vorgestellt werden: »Als Referenten dieser Fortbildungseinheit haben wir einen Geriater eingeladen, der sich auf ein Referentengespräch mit einer Fortbildungsteilnehmerin, mit umfangreichen Kenntnissen aus dem Bereich der Gerontotechnik, vorbereitet hat. Dabei wird er schwerpunktmäßig zum Thema »Altersbedingte körperliche Einschränkungen« sprechen, während sie in diesem Gespräch die Auswirkungen dieser Einschränkungen auf das eigenständige Wohnen und mögliche Lösungen darstellt«. Danach beginnt das Referentengespräch zwischen dem Geriater und der Fortbildungsteilnehmerin.
- Das *Gruppengespräch* schließt sich nahtlos an das Referentengespräch an, indem die Lernenden Fragen an die Referenten stellen. Danach werden einzelne Themen des Referentengesprächs im Gruppengespräch vertieft. Im Gruppengespräch wird deutlich, dass das Referentengespräch für die Referenten und Lernenden inhaltlich und didaktisch-methodisch sehr informativ, interessant und gut war und dass das Gleiche auch für das Gruppengespräch gilt.
- Daraufhin entscheidet sich die Lerngruppe *keine Kleingruppenarbeit* zu machen, sondern das Gruppengespräch mit den Referenten weiter zu führen.
- Zum Abschluss leiten die Referenten die *Diskussion* über die Fortbildungseinheit ein, indem sie zunächst die verschiedenen Inhalte zusammenfassen. Das heißt, die Referenten stellen zusammen mit der Gruppe die verschiedenen Lösungsmöglichkeiten bei Einschränkungen durch körperliche Krankheiten für die eigene Wohnung noch einmal dar. Danach leiten sie die Reflexion über die Fortbildungseinheit ein. In diesem Teil der Diskussion wird deutlich, dass die Fortbildungseinheit thematisch sehr informativ war, so dass die Lernenden viele Anregungen für ihre eigenen Konzepte zum Thema Wohnen im Alter bekommen haben. Des Weiteren wird von den Lernenden bemerkt, dass die Didaktik und Methodik der Fortbildungseinheit so gut und interessant war, dass sie anregen, diese Lehr- und Lernform als Thema in die Fortbildung »Geragogik« aufzunehmen.

2.9 Unterrichtende der Fortbildung »Geragogik«

Die Lehrenden der Fortbildung »Geragogik« sind dafür qualifizierte Wissenschaftlerinnen und Wissenschaftler, Studierende, Regionale Fachreferenten und Teilnehmende.

2.10 Abschluss der Fortbildung »Geragogik«

Die Fortbildung »Geragogik« wird mit einem Zertifikat der Europäischen Senioren-Akademie abgeschlossen.

2.11 Qualitätssicherung der Fortbildung »Geragogik«

Die Fortbildung »Geragogik« integriert in einem dialektischen Verhältnis Didaktik und Methodik, Aufbau und Struktur und Inhalte, wobei sich die Inhalte wiederum nur aus einem dialektischen Verhältnis von fachspezifischen Schwerpunkten und Kontextbereichen ergeben.

In dem dialektischen Verhältnis von Didaktik und Methodik, Aufbau und Struktur und Inhalten sind *Didaktik und Methodik*, das heißt der »Offene Unterricht«, der Bildungs- und Lernbegriff und die Elemente geragogischen Lernens, der Fortbildung »Geragogik« so hinterlegt, dass sie *immer berücksichtigt werden müssen*. Denn der »Offene Unterricht«, der Bildungs- und Lernbegriff und die Elemente geragogischen Lernens bilden die Grundlagen für die geragogische Haltung, die ein reflexives Verständnis des Lehrens und Lernens bedingen und damit erst die Voraussetzungen für den gemeinsamen Prozess des Lehrens und Lernens schaffen.

Ebenso sind *Aufbau und Struktur*, das heißt die Einhaltung der Phasenfolge »Motivation«, »Kenntnisse«, »Konzepte« und »Kompetenzen«, der Fortbildung »Geragogik« als Ganzes und jedem ihrer Teile so hinterlegt, dass auch sie *immer berücksichtigt werden müssen*. Denn die Ziele der Fortbildung »Geragogik«, so auch der gemeinsame Prozess des Lehrens und Lernens, lassen sich erst durch diese Phasenstruktur erreichen.

Die *Inhalte* der Fortbildung »Geragogik«, die sich aus dem dialektischen Verhältnis von fachspezifischen Schwerpunkten und Kontextbereichen ergeben, sind der Fortbildung »Geragogik« hingegen so hinterlegt, dass sie *je nach Interessen der Lehrenden und Lernenden erweitert, oder* um eigene fachspezifische Schwerpunkte beziehungsweise Kontextbereiche *ergänzt werden können*.

Die Komplexität dieses Curriculums und die verschiedenen dialektischen Verhältnisse von Didaktik und Methodik, Aufbau und Struktur und Inhalten, die sich wiederum aus einem dialektischen Verhältnis von fachspezifischen Schwerpunkten und Kontextbreichen ergeben, bedingen, dass auch die Instrumente zur Qualitätssicherung der Fortbildung »Geragogik« auf den gemeinsamen Prozess des Lehrens und Lernens abgestimmt sein müssen. Von daher sind die Instrumente zur Qualitätssicherung der Fortbildung »Geragogik« im Wesentlichen kommunikativ. Das heißt, dass der Lehr- und Lernerfolg der Fortbildung »Geragogik« nur über einen, den gesamten Zeitraum der Fortbildung andauernden, Austausch zwischen Lehrenden und Lernenden zu bemessen ist.

Zur Qualitätssicherung der Fortbildung »Geragogik« dienen die folgenden Instrumente:

- *Regelmäßige Gruppengespräche mit der Lerngruppe* nach jeder *Fortbildungseinheit* zu den Inhalten, der Didaktik und Methodik, sowie der Atmosphäre in der Gruppe (Fremdeinschätzung und Selbsteinschätzung: nicht anonym).
- *Beurteilungsbögen zur Qualität jeder Fortbildungseinheit für die Lernenden*, in denen sie die Fortbildungseinheit der Lehrenden bewerten (Fremdeinschätzung: anonym).
- *Präsentationen eigener Beiträge der Lernenden.*
- *Regelmäßige Einzelgespräche der Lehrenden mit den Lernenden.* In diesen Gesprächen geht es darum, den individuellen Lernerfolg der Lernenden gemeinsam zu überprüfen, Bewertungsgespräche zu den Beiträgen der Lernenden zu führen und Hilfestellungen zu geben (Fremdeinschätzung und Selbsteinschätzung: anonym).
- *Regelmäßige Gruppengespräche mit der Lerngruppe* nach jedem *Phasenwechsel* der Fortbildung »Geragogik« als Ganzes. In diesen Gruppengesprächen geht es darum, den erfolgreichen Verlauf der jeweiligen Fortbildungsphase und damit auch den Lehr- und Lernerfolg Einzelner und der Lerngruppe gemeinsam zu überprüfen. Dabei findet in diesen Gruppengesprächen die Überprüfung des Lehrerfolges durch Diskussionen über einzelne Beiträge von Lehrenden ebenso statt, wie die Überprüfung des Lernerfolges, indem der individuelle Lernerfolg selbst eingeschätzt wird (Fremdeinschätzung und Selbsteinschätzung: nicht anonym).
- *Einschätzungsbögen zu besonderen Interessen und Kompetenzen der Lernenden*, in denen sie ihre eigene Entwicklung nach jeder *Fortbildungsphase* einschätzen (Selbsteinschätzung: anonym).
- *Regelmäßige Gruppengespräche der Lehrenden untereinander* für detaillierte Absprachen zur Didaktik und Methodik, zum Aufbau und zur Struktur, sowie zu den Inhalten (fachspezifische Schwerpunkte und Kontextbereiche) der Fortbildung und um Bezüge untereinander herzustellen.

- *Regelmäßige Einzelgespräche der Lehrenden untereinander* für die Feinabstimmung der einzelnen, insbesondere der direkt aufeinander folgenden, Fortbildungseinheiten.
- *Beurteilungsbögen zur Qualität jeder Fortbildungseinheit für die Lehrenden*, in denen sie ihre eigene Fortbildungseinheit bewerten (Selbsteinschätzung: nicht anonym).
- *Einschätzungsbögen zu besonderen Interessen und Kompetenzen für die Lehrenden*, in denen sie ihre eigene Entwicklung *nach jeder Fortbildungsphase* einschätzen (Selbsteinschätzung: anonym).

> »Letztlich heißt das, dass ein Mensch, will er ändern,
> was er weiß, ändern muss, wie er lebt;
> er muss seine Praxis in der Welt ändern«
> (Gouldner 1974: 579).

3 Evaluation der 1. Fortbildung »Geragogik«

Wie in der Einführung dargelegt, hatte die Europäische Senioren-Akademie im Rahmen des Netzwerkes AMPEL die Aufgabe, eine innovative Fortbildung zur Begleitung des Lehrens und Lernens im Alter mit verschiedenen Bildungsträgern zu entwickeln und exemplarisch umzusetzen.

Die Entwicklung der Fortbildung fand in Zusammenarbeit mit dem Arbeitskreis Fortbildungen »Geragogik« von Juni bis Dezember 2003 statt und mündete im dargestellten Curriculum der Fortbildung »Geragogik«.

Nach der Entwicklung des Curriculums begann die interne und externe Öffentlichkeitsarbeit für die 1. Fortbildung »Geragogik«. In regionalen Veranstaltungen zum Thema »Was ist Geragogik?« wurde das Curriculum ausführlich vorgestellt und die 1. Fortbildung »Geragogik« medienwirksam beworben.

Zeitgleich begann im Arbeitskreis Fortbildungen »Geragogik« die konkrete Umsetzungsplanung für die 1. Fortbildung »Geragogik«. Zunächst ging es darum, Referentinnen und Referenten, also Lehrende, zu gewinnen, die sich auf das neue Curriculum der Fortbildung »Geragogik« einlassen. Da sich alle Mitglieder des Arbeitskreises Fortbildungen »Geragogik« dazu bereit erklärten, sich als Lehrende auf das neue Curriculum einzulassen, entwickelte sich der Arbeitskreis Fortbildungen »Geragogik« zur Referentengruppe der 1. Fortbildung »Geragogik«. Die Referentengruppe setzte sich sowohl intergenerationell, als auch aus verschieden qualifizierten Fachreferenten zusammen und übernahm die Aufgabe, das entwickelte Curriculum praktisch umzusetzen.

Zuerst schulte sich die Referentengruppe durch interne Fortbildungen, um inhaltlich und organisatorisch in der Lage zu sein, den anvisierten gemeinsamen Lehr- und Lernprozess der 1. Fortbildung »Geragogik« gestalten zu können. Es fanden gemeinsame Fortbildungen zur Didaktik und Methodik, insbesondere zum »Offenen Unterricht« und zum Bildungs- und Lernbegriff des Curriculums, statt. Aufbau und Struktur der Fortbildung, inklusive ihrer Bedeutung für den Fortbildungsprozess, wurden ausführlich erörtert und es gab einen regen Austausch zu den verschiedenen Inhalten der 1. Fortbildung »Geragogik«.

In den inhaltlichen Auseinandersetzungen der Referentengruppe ging es insbesondere darum, gemeinsam die geragogische Haltung zu entwickeln, die die Umsetzung der Fortbildung erst ermöglicht. Wie in der Fortbildung selber, ging es auch in diesem gemeinsamen Lehr- und Lernprozess der Lehrenden nicht vorrangig um die Aufeinanderfolge objektiver Lerninhalte, sondern um das Lehren und Lernen in der Gruppe und um die persönliche Weiterentwicklung der Referentinnen und Referenten.

Nach den inhaltlichen wurden von der Referentengruppe auch die organisatorischen Auseinandersetzungen zu den Umsetzungsmöglichkeiten des Curriculums der 1. Fortbildung »Geragogik« geführt. Einen geeigneten Fortbildungsort zum Lehren, Lernen und Wohlfühlen zu finden und ihn so zu gestalten, dass er eine wirklich offene Lehr- und Lernatmosphäre schafft, gehörte dabei ebenso zu ihren Aufgaben, wie die Festlegung der Fortbildungstermine. Es ging beispielsweise darum, Kaffeepausen und gemeinsame Mahlzeiten so zu platzieren, dass sie eine Atmosphäre des Wohlfühlens schaffen. Es ging darum, Fortbildungsmaterialen wie Broschüren, Bücher, Spiele, Internetzugänge etc. zu organisieren, um am Fortbildungsort ein Lernarrangement zu schaffen, das »Offenen Unterricht« überhaupt erst ermöglicht. Des Weiteren ging es darum, Termine zu finden, die außerhalb der Schulferien lagen, und die es zudem Männern und Frauen gleichermaßen ermöglichten, an der Fortbildung teilzunehmen, also abends und an Wochenenden, lagen.

Zur konkreten Umsetzungsplanung der 1. Fortbildung »Geragogik« gehörte zudem, die im Curriculum beschriebene Einheit von Didaktik und Methodik, Aufbau und Struktur, sowie der Inhalte, die sich wiederum erst aus einem dialektischen Verhältnis von fachspezifischen Schwerpunkten und Kontextbereichen ergeben, praktisch umzusetzen. Wie in der Fortbildung selber die Interessen und Bedürfnisse der Lernenden im Vordergrund stehen, standen in dieser Phase der Umsetzungsplanung die Interessen und Bedürfnisse der Lehrenden im Vordergrund.

Dazu wurden gemeinsam die unterschiedlichen Interessen und Bedürfnisse der Lehrenden herausgearbeitet. Zuerst entschieden sie, zu welchen Kontextbereichen, danach zu welchen fachspezifischen Schwerpunkten und abschließend in welchen Fortbildungsphasen sie am liebsten unterrichten würden. Aus der Zusammenfassung der Ergebnisse wurde ein Fortbildungsplan im Sinne des »Offenen Unterrichts« entwickelt, der im Folgenden als »Offener Fortbildungsplan« bezeichnet wird. In diesem »Offenen Fortbildungsplan« konnten die Lehrenden zum einen ablesen, wann sie zu unterrichten hatten. Zum anderen konnten sie daran ablesen, welchen fachspezifischen Schwerpunkt, sie an welchem Kontextbereich oder welchen Kontextbereich, sie an welchem fachspezifischem Schwerpunkt in ihrem Unterricht zu konkretisieren hatten. Des Weiteren hatte die Fortbildungsplanung zum Ziel, in jeder Fortbildungsphase die gewählten Kontextbereiche und fachspezifischen Schwerpunkte zumindest einmal zu thematisieren.

Der Fortbildungsplan war über die Dauer der gesamten Fortbildung insofern offen, als dass die Interessen und Bedürfnisse der Teilnehmenden und damit ihre Änderungswünsche im Vordergrund standen. Die Offenheit konnte allerdings nur soweit gehen, wie die Termine der Referentinnen und Referenten dies zuließen. Der Fortbildungsverlauf den die Fortbildung, nach vielen Änderungen durch die Lernenden und Lehrenden während der Fortbildung, letztendlich genommen hat, dient im Folgenden als »Offener Fortbildungsplan« zur Einleitung der Auswertung der einzelnen Fortbildungsphasen.

Nachdem genügend Anmeldungen zur Fortbildung vorlagen, begann die 1. Fortbildung »Geragogik« der Europäischen Senioren-Akademie am 2. April 2004 mit 14 Teilnehmerinnen und Teilnehmern im Alter zwischen 30 und 70 Jahren als intergenerationelle Lerngruppe im Haus Oldenkott in Ahaus.

Die folgende Auswertung der 1. Fortbildung »Geragogik« folgt dem Aufbau und der Struktur der Fortbildung. Sie gliedert sich entsprechend der vier Fortbildungsphasen, wobei der Bedeutung der Kompaktphase für die Fortbildung insofern Rechnung getragen wird, als dass sie hier eigenständig ausgewertet wird.

Die nachstehende Auswertung basiert auf den Gesprächsprotokollen der regelmäßigen Gruppengespräche mit der Lerngruppe und denen der Lehrenden untereinander, auf den vorliegenden Beurteilungsbögen zur Qualität jeder Fortbildungseinheit für die Lernenden und Lehrenden und sie basiert auf den Einschätzungsbögen zu besonderen Interessen und Kompetenzen der Lernenden und Lehrenden. Des Weiteren sind dieser Auswertung, die während der Fortbildung entstandenen Referate und Konzepte der Teilnehmenden, sowie ihre Beiträge zum 7. Gerontologischen Forum[6], zugrunde gelegt. Die Gesamtauswertung der 1. Fortbildung »Geragogik«, die zum Abschluss der Fortbildung von der Gruppe der Teilnehmenden und der Referentengruppe vorgenommen wurde, ist ebenfalls integraler Bestandteil dieser Auswertung.

Evaluation der 1. Fortbildung "Geragogik"

Offener Fortbildungsplan

Erste Phase: Motivation

Datum	Kontextbereich	Fachspezifischer Schwerpunkt: Thema
Freitag 02. April 2004	Eröffnung Lernen und Bildung Lebensperspektiven: Glauben und Spiritualität	Die 1. Fortbildung "Geragogik" Geragogik: Einführung Gerontopsychologie: Entwicklungspsychologie
Samstag 03. April 2004	Freizeit und Kultur Lebensperspektiven: Visionäre Lebensführung Familie, Partnerschaft und Sexualität	Gerontosoziologie: Sozialisation Gerontologie: Reflexive Gerontologie Gerontosoziologie: Intergenerativität
Samstag 24. April 2004	Gesundheit Verlust, Tod und Sterben Verlust, Tod und Sterben	Geriatrie: Soziogenese Gerontopsychologie: Einführung Gerontopsychologie: Biografiearbeit
Samstag 08. Mai 2004	Wohnen Wohnen Gesundheit	Gerontopsychologie: Identität Pflegewissenschaft: Einführung Pflegewissenschaft: Altenpflege
Freitag 21. Mai 2004	Lernen und Bildung Familie, Partnerschaft und Sexualität Gruppengespräch	Gerontosoziologie: Einführung Gerontosoziologie: Sozialer Wandel Auswertung der 1. Fortbildungsphase

1. Fortbildung "Geragogik" Folie Nr.: 18

---

[6] Altern, Alter, Leben lernen! Formen und Bedingungen des Lebenslangen Lernens. 7. Gerontologisches Forum. 8. bis 10. November 2004 Bocholt/Westfalen. Kongress für Mitarbeiter/innen der Altenhilfe und -pflege sowie ältere Menschen und deren Angehörige. Veranstaltet von der Europäische Senioren-Akademie (ESA Caritas ESTA gGmbH), dem Netzwerk AMPEL und der AOK Westfalen-Lippe – Regionaldirektion Steinfurt/Borken.

Die erste Fortbildungsphase »*Motivation*« umfasste fünf Fortbildungstage mit insgesamt fünfzehn Fortbildungseinheiten. Neben der ersten Fortbildungseinheit, der Eröffnung der Fortbildung, wurde auch die letzte Einheit dieser Phase nicht für objektive Lerninhalte, sondern für die Entwicklung des Gruppenprozesses, das heißt für ausführliche Gespräche und zur Auswertung der ersten Fortbildungsphase genutzt.

In den anderen Fortbildungseinheiten wurden die gewählten sieben Kontextbereiche und insgesamt sechs der acht gewählten fachspezifischen Schwerpunkte thematisiert. Dabei standen nicht nur die an den Kontextbereichen konkretisierten Einführungen in die verschiedenen fachspezifischen Schwerpunkte im Mittelpunkt, sondern auch die Darstellung der Vielfalt der lebensweltlichen Rahmenbedingungen älterer Menschen und die der Geragogik insgesamt.

Besonderes Interesse zeigten die Teilnehmenden am Kontextbereich »Lebensperspektiven« und hier am Thema »Visionäre Lebensführung«. Es wurde deutlich, dass die Entwicklung von Visionen in der Begleitung Älterer, das heißt die Entwicklung von Visionen mit älteren Menschen, die Entwicklung eigener Visionen und deren Umsetzung voraussetzt. Von daher gab es in den Gruppenarbeiten und der Lerngruppe untereinander ausführliche Gespräche zu eigenen Visionen, ihren Umsetzungschancen und -möglichkeiten, sowie zu den vielfältigen Hindernissen ihrer Umsetzung und deren Überwindung.

Schon diese ausführliche Auseinandersetzung zur visionären Lebensführung weist darauf hin, dass das Ziel der Fortbildungsphase »Motivation«, das heißt die Beantwortung der Fragen: »Warum nehme ich an dieser Fortbildung teil?« oder »Warum will ich Geragogin/Geragoge werden?« erfolgreich erreicht wurde.

Im Gruppengespräch wurde den Teilnehmenden beim gemeinsamen Vergleich ihrer Einschätzungsbögen zu besonderen Interessen und Kompetenzen vom Beginn der Fortbildung und dem Ende der ersten Fortbildungsphase des Weiteren deutlich, dass ihre fachspezifischen Interessen vielfältiger und zugleich differenzierter geworden waren. Zudem stellten alle Teilnehmenden in diesem Gruppengespräch für sich positiv fest, dass sie inzwischen eine genauere Vorstellung von den Fachbegriffen hatten, die auf den Einschätzungsbögen benutzt wurden, und dass sie diese gerontologischen und geragogischen Fachbegriffe besser mit Inhalten füllen konnten.

Die dargestellte Vielfalt an lebensweltlichen Rahmenbedingungen älterer Menschen und die Differenziertheit der Geragogik insgesamt führten aber auch zu einigen Problemen während dieser Fortbildungsphase. So wurde von den Lernenden, sowohl in den Beurteilungen der Fortbildungseinheiten, als auch im Gruppengespräch, betont, dass die Fortbildungseinheiten für sie teilweise »zu viel Stoff« enthielten, »zu wissenschaftlich« aufgebaut oder »zu schwer« waren. In den Diskussionen um Veränderungsvorschläge wurde daraufhin festgestellt, dass »mehr Beispiele« einen deutlicheren »Praxisbezug« herstellen könnten.

In den Beurteilungen der Fortbildungseinheiten durch die Lehrenden und in ihren Gruppengesprächen spiegelten sich die Aussagen der Lernenden wider. In ihren Diskussionen wurde diesbezüglich deutlich, dass es nicht darum ging, den »Stoff« der Fortbildung zu reduzieren, weil sie einschätzten, dass die Lerninhalte von den Lernenden trotz der Kritik gut verstanden wurden. Von den Lehrenden wurde daraufhin beschlossen, insgesamt »mehr Beispiele« in die Fortbildungseinheiten aufzunehmen, um dadurch die Einheiten anschaulicher zu gestalten und den »Praxisbezug« der Fortbildung zu erhöhen.

Ein weiteres Problem während dieser Fortbildungsphase wurde sehr schön von einer Teilnehmerin ausgedrückt: »Ich finde die Fortbildung sehr interessant, aber mir fehlt der rote Faden, der Bezugspunkt.«

Eine Fortbildung mit offenem Fortbildungsplan und Unterricht zu gestalten, die zudem thematisch so vielfältig ist wie die Fortbildung »Geragogik«, ist in unserer Gesellschaft sehr unüblich und eher unbekannt. Von daher können weder Lehrende noch Lernende auf ihre bisherigen Lern- und Bildungsbiografien zurückgreifen; sie sind zunächst irritiert.

In der ersten Fortbildungsphase, der Phase der »Motivation«, ging es somit auch darum, diese Irritationen positiv zu nutzen, um Lehrende und Lernende für das inhaltlich und didaktisch-methodisch unbekannte Curriculum zu öffnen. Dass dies in dieser Fortbildung gelungen ist, zeigt sich vielleicht schon daran, dass weder ein Referent noch Teilnehmer die 1. Fortbildung »Geragogik« abgebrochen haben.

Gemeinsam zu lehren und zu lernen, die Entwicklung von eigenen Visionen und die Einbeziehung des persönlichen Bezugspunktes sind Kernpunkte des Curriculums der Fortbildung »Geragogik«. Irritationen oder das Gefühl, dass »der rote Faden fehlt«, sind notwendige Voraussetzungen, um sich auf Unbekanntes einzulassen.

Ein Ergebnis der Referentengruppe aus den Erfahrungen dieser Fortbildungsphase lässt sich folgendermaßen formulieren: Es ist wichtig, die zu Beginn der Fortbildung aufkommenden Fragen der Teilnehmenden zum für sie Unbekannten zu beantworten, und auf ihre Probleme mit den Irritationen einzugehen. Aber es ist ebenso wichtig zu verstehen, dass die Antworten zu Beginn der Fortbildung nur sehr schwer oder gar nicht verstanden werden können, und dass Irritationen in dieser Fortbildungsphase notwendig sind.

Zum einen ist es sehr schwer verständlich, dass erst das Einlassen auf den gemeinsamen Lehr- und Lernprozess die Bedingung für das Verständnis dieses Prozesses schafft. Zum anderen ist es in unserer Gesellschaft sehr unüblich, Irritationen positiv, das heißt als Voraussetzung dafür zu verstehen, sich auf Unbekanntes einzulassen.

Die hier nur auszugsweise dargestellten vielfältigen Auseinandersetzungen in und zwischen den Gruppen der Referenten und Teilnehmenden machen deutlich, dass das Ziel der ersten Fortbildungsphase »Motivation«, das heißt, reflexives geragogisches Lehren und Lernen als Entdeckung der eigenen Lern- und Lebensbiografie zu verstehen, sehr erfolgreich erreicht wurde.

Evaluation der 1. Fortbildung "Geragogik"

Offener Fortbildungsplan

Zweite Phase: Kenntnisse

Datum	Kontextbereich	Fachspezifischer Schwerpunkt: Thema
Samstag 22. Mai 2004	Lernen und Bildung Lernen und Bildung Familie, Partnerschaft und Sexualität	Gerontologie: Einführung Geragogik: Spiel Geragogik: Freizeit und Kultur
Samstag 05. Juni 2004	Lebensperspektiven: Arbeit und Geld Lebensperspektiven: Feminisierung Lebensperspektiven: Feminisierung	Gerontopsychologie: Entwicklungspsychologie Gerontopsychologie: Biografiearbeit Gerontopsychologie: Emotionalität ...
Freitag 18. Juni 2004	Freizeit und Kultur Gesundheit Lernen und Bildung	Geragogik: Gruppen / Gruppendynamik Geriatrie: Einführung Geriatrie: Schulmedizin / Alternativen
Samstag 19. Juni 2004	Lernen und Bildung Lernen und Bildung Freizeit und Kultur	Biologie des Alterns: Einführung Biologie des Alterns: Einführung Biologie des Alterns: Anthropologie
Samstag 03. Juli 2004	Verlust, Tod und Sterben Wohnen Wohnen	Pflegewissenschaft: Einführung Pflegewissenschaft: Pflegende Angehörige Pflegewissenschaft: Pflegende Angehörige

1. Fortbildung "Geragogik" Folie Nr.: 19

Die zweite Fortbildungsphase »Kenntnisse« war die umfangreichste Fortbildungsphase der 1. Fortbildung »Geragogik«. Sie umfasste nicht nur fünf Fortbildungstage mit insgesamt fünfzehn Fortbildungseinheiten, sondern auch die viertägige Kompaktphase mit weiteren zwölf Einheiten. Auf die Kompaktphase wird im Anschluss an die Auswertung der zweiten Fortbildungsphase ausführlich eingegangen.

In den fünfzehn Fortbildungseinheiten der zweiten Fortbildungsphase wurden die gewählten sieben Kontextbereiche und sechs der gewählten acht fachspezifischen Schwerpunkte thematisiert. Dabei standen die Fachkenntnisse aus den Kontextbereichen und den fachspezifischen Schwerpunkten im Mittelpunkt dieser Fortbildungsphase.

Die Fortbildungseinheiten dieser Fortbildungsphase wurden von den Teilnehmenden insgesamt sehr positiv bewertet. Das zeigte zum einen, dass das Vorhaben der Referentinnen und Referenten, mehr Beispiele in die Einheiten aufzunehmen und sie dadurch anschaulicher und mit mehr Praxisnähe zu gestalten, erfolgreich umgesetzt wurde. Zum anderen könnten die durchgängig positiven Bewertungen aber auch darin begründet liegen, dass die Kenntnisaneignung, der Schwerpunkt dieser Fortbildungsphase, am ehesten mit den traditionellen Vorstellungen von Lernen und Bildung zu vergleichen ist, und Lehrende wie Lernende dadurch auf ihre bisherigen Lern- und Bildungsbiografien zurückgreifen konnten.

Die Bewertung der Fortbildungseinheiten durch die Referentinnen und Referenten ließ in dieser Fortbildungsphase erheblich nach. Nur von sehr wenigen Referenten lagen Beurteilungsbögen zur Auswertung vor. Des Weiteren gelang es nicht, die Referentinnen und Referenten davon zu überzeugen, eine Einschätzung der Entwicklung ihrer Interessen und Kompetenzen im Verlauf der Fortbildung vorzunehmen. Dies gelang mit Ende der zweiten Fortbildungsphase bei den Teilnehmenden ebenso wenig.

Diesbezüglich könnten die Instrumente zur Qualitätssicherung der Fortbildung »Geragogik« überprüft werden. Obwohl die Beurteilungsbögen zu den Fortbildungseinheiten und die Einschätzungsbögen zu den besonderen Interessen und Kompetenzen standardisiert waren, wurden sie, insbesondere von der Referentengruppe, nicht ausgefüllt.

Die Fragen, die diesbezüglich zu beantworten wären, könnten folgendermaßen lauten: »Sind die Referenten zeitlich, organisatorisch oder inhaltlich überfordert, ihre Fortbildungseinheiten zu bewerten und die Entwicklung ihrer Interessen und Kompetenzen im Fortbildungsprozess selbst einzuschätzen?« oder »Ist die Bewertung der eigenen Fortbildungseinheiten und die Einschätzung der eigenen Entwicklung im Fortbildungsprozess so unüblich, dass sich alle erst einmal daran gewöhnen müssen?«. Insgesamt könnte überprüft werden, ob es nicht ausreicht, die

Einschätzung der eigenen Entwicklung im Fortbildungsprozess nur zum Beginn und Ende der Fortbildung vorzunehmen.

Zwei Themenkomplexe werden an dieser Stelle beispielhaft für den Erfolg dieser Fortbildungsphase dargestellt. Im Rahmen des Kontextbereiches »Lebensperspektiven« befassten sich zwei Fortbildungseinheiten ausführlich mit dem Thema »Feminisierung« des Alters. Dieser Themenkomplex wurde sehr gut und interessiert angenommen und als anregend empfunden. Durch die gute Mitarbeit und hohe Diskussionsbereitschaft der Lerngruppe wurde der fachliche und sozial-kommunikative Lernerfolg hier besonders deutlich. In den Beurteilungen zu diesen Fortbildungseinheiten liest sich das beispielsweise folgendermaßen: »Bei diesen Einheiten wurde der Zusammenhang zwischen dem eigenen Leben und dem Thema auch schon vor dem eigenen Altsein besonders deutlich!«

Zeitgleich diskutierte die Referentengruppe über das Thema »Gender Mainstreaming« und regte eine interne Fortbildung zu den Fragen an: »Welchen Vorteil hat es, dass in der Begleitung älterer Menschen im Wesentlichen Frauen aktiv sind?« oder »Was wäre ausschlaggebend dafür, mehr Männer für die Begleitung älterer Menschen zu gewinnen?«

Der zweite Themenkomplex, der hier beispielhaft dargestellt wird, befasste sich mit dem fachspezifischen Schwerpunkt »Lebensbegleitende Aspekte der Geriatrie« und zugleich mit dem der »Geragogik«. Dabei wurde von den Referenten die »Einführung« in die Geriatrie als Gruppenarbeit gestaltet und diese bildete zugleich das Fallbeispiel für das geragogische Thema »Gruppen und Gruppendynamik«.

Die Einführung in die »Geriatrie« wurde dabei als sehr interessant und anregend empfunden, weil viele neue Fachkenntnisse in den Gruppen erfolgreich erarbeitet wurden. Das didaktische Moment, diese Gruppenarbeit zugleich als Fallbeispiel zu nutzen, und damit anschließend die Gruppenarbeit sowohl inhaltlich, als auch didaktisch auszuwerten, wurde ebenfalls sehr positiv bewertet, was sich in den Beurteilungen zu diesen Fortbildungseinheiten beispielsweise folgendermaßen liest: »Gut war das Zusammenspiel zwischen der Darlegung der Theorie (TZI) und ihrer Anwendung, hier die praktische Erfahrung in der Gruppenarbeit und ihre Reflexion.«

Trotz der sehr positiven Beurteilungen werden diese Fortbildungseinheiten hier problematisiert. Denn der schwierige gruppendynamische Prozess in der Lerngruppe bei der didaktischen Auswertung der Gruppenarbeit, der zwar gewinnbringend und erfolgreich für die ganze

Gruppe aufgearbeitet wurde, zeigte, dass diese didaktische Unterrichtsform im Prozess der Fortbildung insgesamt zu früh lag. Die notwenigen Kompetenzen für diese didaktische Unterrichtsform können erst in der vierten Fortbildungsphase erreicht und dann auch ohne schwierige gruppendynamische Prozesse durchgeführt werden.

Im ausführlichen Gruppengespräch zum Wechsel in die dritte Fortbildungsphase wurde den Teilnehmenden die Frage gestellt: »Was haben Sie in der zweiten Fortbildungsphase »Kenntnisse« gelernt?« Die Teilnehmenden gaben zum Beispiel folgende Antworten:

- »Ich bin thematisch sensibler geworden, schon wenn ich die Zeitung lese.«
- »Mein defizitärer Blick auf das Alter ist weg.«
- »Ich habe viele Verknüpfungen gelernt, zum Beispiel, dass junge und alte Menschen gleichwertig sind – sie sind einfach nur anders.«
- »Mir ist deutlich geworden, wie wichtig eine Gruppe zum Lernen ist.«

Die hier nur beispielhaft dargestellten Ergebnisse der zweiten Fortbildungsphase »Kenntnisse« zeigen, dass das Ziel dieser Fortbildungsphase, das heißt reflexives geragogisches Lehren und Lernen als Hinterfragen der eigenen Gefühle und Einstellungen in der Begegnung mit Älteren zu verstehen, sehr erfolgreich erreicht wurde.

Die *Kompaktphase* der 1. Fortbildung »Geragogik« war Teil der zweiten Fortbildungsphase »Kenntnisse«, sie wird an dieser Stelle aber besonders ausgewertet. An vier Fortbildungstagen hintereinander gemeinsam zu lehren und zu lernen, schaffte eine Intensität im Lehr- und Lernprozess und eine Gruppenatmosphäre, die es zulassen, diese Tage vom üblichen Fortbildungsverlauf zu unterscheiden.

Zur Vorbereitung der Kompaktphase hatten die Teilnehmenden die Aufgabe, in Einzel- oder Gruppenarbeit einen in Form und Inhalt frei gewählten Beitrag vorzubereiten. Vorgegeben wurde, dass der Beitrag nicht länger als 20 Minuten sein durfte und eine Möglichkeit darstellen sollte, die Begleitung älterer Menschen zu gestalten.

Die Kompaktphase der 1. Fortbildung »Geragogik« diente der Vorbereitung auf die dritte Fortbildungsphase »Konzepte«. Es ging zum einen darum, den Lehr-, Lern- und Gruppenprozess zu stärken und zum anderen darum, den Teilnehmenden ihren eigenen Kenntnisstand in Bezug auf Konzeptentwicklungen zu verdeutlichen, und sie damit zugleich auf die Entwicklung ihrer eigenen Konzepte vorzubereiten.

Fortbildung »Geragogik« – Konzept und Curriculum

Evaluation der 1. Fortbildung "Geragogik"

Offener Fortbildungsplan

Kompaktphase

Datum	Veranstaltungsform	Thema
Donnerstag 15. Juli 2004	Gruppengespräch Vortrag und Radio hören Beiträge von 2 Lernenden	Planung der Kompaktphase Öffentlichkeitsarbeit / WDR 5 Lebensart 1.) Alter und Einsamkeit 2.) Selbstbestimmung bis zum Lebensende
Freitag 16. Juli 2004	Beiträge von 3 Lernenden Gruppenarbeit Beiträge von 3 Lernenden Grillen	3.) Ich male also bin ich 4.) Erzählen im Alter Öffentlichkeitsarbeit 5.) Fantasiereise 6.) Familienkonferenz Feier
Samstag 17. Juli 2004	Vortrag Beiträge von 6 Lernenden	"Ehrenamt" in der Lebensphase Alter 7.) Biografiearbeit 8.) Patientenverfügung 9.) Neue Medien im Alter 10.) Liebe im Alter 11.) Selbstbestimmtes 12.) Finanzierungen Wohnen im Alter bei Pflegebedürftigkeit
Sonntag 18. Juli 2004	Referate Vortrag Gruppengespräch	Vorstellung der Gruppenarbeiten Lernen – eine Reise in Etappen Auswertung der Kompaktphase und der 2. Fortbildungsphase

1. Fortbildung "Geragogik" Folie Nr.: 20

Insofern lag der Schwerpunkt der Kompaktphase bei den Beiträgen der Teilnehmenden. Dafür stand die Lerngruppe jedem Teilnehmenden für 30 Minuten zur Verfügung. Dem einleitenden Beitrag folgte jeweils eine kurze Diskussion in der Lerngruppe.

Das Interesse, Engagement und die aktive Beteiligung aller Teilnehmenden zeigten den sozial-kommunikativen, die Aufarbeitung und Vielfalt der selbst gewählten geragogischen Themen (vgl. Folie Nr. 20) zeigten den fachlichen, und die verschiedenen Präsentationsformen (Folienvorträge, Rollenspiele, Diskussionen, Fallbeispiele etc.) den didaktisch-methodischen Erfolg der 1. Fortbildung »Geragogik« in besonderem Maße.

Die Beiträge der Teilnehmenden als Schwerpunkt der Kompaktphase wurden eingerahmt von Fachvorträgen, in denen auf verschiedene geragogische Tätigkeitsfelder besonders eingegangen wurde. In den Gruppengesprächen nach den Fachvorträgen »›Ehrenamt‹ in der Lebensphase Alter« und »Lernen – eine Reise in Etappen« zeigte sich der gute fachliche Lernerfolg der Teilnehmenden im Bereich des ehrenamtlichen oder freiwilligen Engagements und im Bereich von Lernprozessen und Gruppenstrukturen.

Das Thema »Öffentlichkeitsarbeit« wurde als geragogisches Themenfeld zusätzlich in die 1. Fortbildung »Geragogik« aufgenommen, da dieses Themenfeld für Geragoginnen und Geragogen insofern unabdingbar ist, als dass für jede geragogische Tätigkeit Öffentlichkeitsarbeit eine notwendige Voraussetzung ist. Insofern ist für die Fortbildungen »Geragogik« insgesamt zu empfehlen, das Thema »Öffentlichkeitsarbeit« als geragogisches Thema aufzunehmen.

Mehrere Fortbildungseinheiten befassten sich im Rahmen der Kompaktphase mit dem Thema »Öffentlichkeitsarbeit«. Dabei bildete ein Fachvortrag die Einleitung zur Kleingruppenarbeit, in der ein Presseartikel, eine Bildunterschrift und ein Text für eine Internetseite zur Vorstellung der Fortbildung »Geragogik« erarbeitet werden sollten.

Durch praktische Umsetzung zeigten die Teilnehmenden an dieser Stelle, dass sie das Prinzip des »Offenen Unterrichts« sehr gut gelernt hatten. Sie bildeten weder Kleingruppen noch setzten sie sich mit den vorgeschlagenen Aufgaben auseinander. Statt dessen entschieden sie sich, in der gesamten Lerngruppe zu bleiben und gemeinsam ein Logo für die Fortbildung »Geragogik« zu entwickeln. Damit hatten sie, sehr anschaulich, nicht nur ihren Lernerfolg in Bezug auf die Didaktik des »Offenen Unterrichts«, sondern auch in Bezug auf die Inhalte des Themas »Öffentlichkeitsarbeit« verdeutlicht.

Im ausführlichen Gruppengespräch zur Auswertung der Kompaktphase wurden die Intensität des gemeinsamen Lehr- und Lernprozesses und die besondere Gruppenatmosphäre zum Beispiel folgendermaßen ausgedrückt:

- »Ich war sehr gespannt auf die Kompaktphase und bin überrascht worden, wie vielfältig Geragogik ist!«
- »Die Vielfalt war ganz toll. Ich bin gespannt darauf, das weiter zu vermitteln.«
- »Ich habe gelernt, offen zu sein für Neues!«
- »Ich hab' die Kompaktphase als sehr positiv erlebt!«
- »Ich hab' das Gefühl, was verpasst zu haben, als ich nicht da war, mir fehlt sogar das Grillen.«
- »Draußen zu lernen war herrlich!«

Die hier nur beispielhaft dargestellten Ereignisse während der Kompaktphase zeigen, dass die Ziele der Kompaktphase, den gemeinsamen Lehr-, Lern- und Gruppenprozess zu stärken, den Teilnehmenden ihren eigenen Kenntnisstand in Bezug auf Konzeptentwicklungen zu verdeutlichen und sie auf die Entwicklung ihrer eigenen Konzepte vorzubereiten, sehr erfolgreich erreicht wurden.

Evaluation der 1. Fortbildung "Geragogik"

Offener Fortbildungsplan

Dritte Phase: Konzepte

Datum	Kontextbereich	Fachspezifischer Schwerpunkt: Thema
Samstag 11. 09. 2004	Verlust, Tod und Sterben Familie, Partnerschaft und Sexualität *Gruppenarbeit*	Gerontopsychologie: Identität Biologie des Alterns: Liebe / Sexualität *Einführung in die Konzepterarbeitung*
Samstag 25. 09. 2004	Freizeit und Kultur Gesundheit *Einzel- und Gruppenarbeit*	Gerontopsychiatrie: Demenz Geriatrie: ... Gesundheitslernen *Konzepterarbeitung*
Samstag 09. 10. 2004	Lebensperspektiven: Arbeit und Geld Wohnen *Einzel- und Gruppenarbeit*	Gerontosoziologie: Sozialpolitik Gerontosoziologie: Sozialpolitik *Konzepterarbeitung*
Freitag 15. 10. 2004	Lernen und Bildung Lebensperspektiven: Visionäre Lebensführung *Einzel- und Gruppenarbeit*	Geragogik: Didaktik und Methodik Gerontopsychologie: Emotionalität ... *Konzepterarbeitung*
Samstag 16. 10. 2004	Familie, Partnerschaft und Sexualität Referate *Gruppengespräch*	Gerontosoziologie: Intergenerativität Vorstellung der eigenen Konzepte *Auswertung der 3. Fortbildungsphase*

1. Fortbildung "Geragogik" Folie Nr.: 21

Mit Ende der Kompaktphase ging die 1. Fortbildung »Geragogik« in die Sommerpause. Die dritte Fortbildungsphase *»Konzepte«* begann acht Wochen nach der Kompaktphase.

Die dritte Fortbildungsphase umfasste fünf Fortbildungstage mit insgesamt fünfzehn Fortbildungseinheiten. Auch in dieser Phase wurden die sieben gewählten Kontextbereiche und sechs der acht gewählten fachspezifischen Schwerpunkte thematisiert. Im Mittelpunkt dieser Fortbildungsphase stand die Entwicklung eigener Konzepte der Teilnehmenden.

Um ihre eigenen Konzepte erarbeiten zu können, standen den Teilnehmenden insgesamt fünf Fortbildungseinheiten zur Verfügung. Dabei wurde in der ersten Fortbildungseinheit in verschiedene Formen der Konzeptentwicklung eingeführt, während in den anderen Einheiten die Referentinnen und Referenten den Teilnehmenden für Fragen zur Verfügung standen. Zum Abschluss der Fortbildungsphase stellten die Teilnehmenden ihre Konzepte der Lerngruppe vor.

Die Aufgabenstellung für die Konzepterarbeitung lautete: Alle Teilnehmenden mögen in Einzel- oder Gruppenarbeit ein in Form und Inhalt frei gewähltes Konzept erarbeiten, dass in ihrer geragogischen Praxis umsetzbar ist.

Die Vielfalt an vorgestellten Konzepten reichte von einem PR-Konzept für »Boule« als Sport für das höhere Lebensalter, bis zu Kursreihen für verschiedene Bildungsträger zu Themen, wie »55 plus – Aktiv älter werden« oder »Verwirrtheit im Alter – Kursreihe für betreuende Angehörige«. Dabei zeigten die vorgestellten Konzepte die außerordentlichen Fachkompetenzen der Teilnehmenden, in den von ihnen gewählten geragogischen Handlungsfeldern und ihre Präsentationen wiesen auf ihre hohen didaktisch-methodischen Kompetenzen hin. Damit kann die dritte Fortbildungsphase »Konzepte« als sehr erfolgreich bewertet werden.

Die inhaltlichen Auseinandersetzungen der anderen Einheiten dieser Fortbildungsphase begleiteten und unterstützten den parallelen Selbstlernprozess der Teilnehmenden während der Konzepterarbeitung. So wurden in diese dritte Fortbildungsphase zwei zusätzliche Themenkomplexe in die 1. Fortbildung »Geragogik« integriert. Der Themenkomplex »Liebe und Sexualität im Alter« wurde auch unter biologischem Aspekt erarbeitet und auf Wunsch der Teilnehmenden wurde unter gerontopsychiatrischem Aspekt der Themenkomplex »Demenz« aufgenommen. Für die Fortbildung »Geragogik« ist insgesamt zu empfehlen, diese Themenkomplexe aufzunehmen.

Beispielhaft für den Erfolg der dritten Fortbildungsphase wird hier auf den zusätzlich aufgenommenen Themenkomplex »Demenz« eingegangen. Die Chancen des »Offenen Unterrichts« werden an dieser Fortbildungseinheit besonders deutlich. Die Teilnehmenden selbst haben den Themenkomplex in die Fortbildung integriert und er wurde nach außen offen unterrichtet.

In einem einleitenden Fachvortrag wurden ausführlich die verschiedenen Krankheitsbilder der »Demenz«, wie das Alzheimer-Syndrom, Depressionen, Gedächtnisstörungen, Halluzinationen, Wesensveränderungen etc. mit ihren Grundlagen, Begriffen und Theorien dargestellt. Im folgenden Gruppengespräch wurden die vielfältigen Informationen zum Thema gut aufgearbeitet. Nach diesem theoretischen Teil der Fortbildungseinheit wurde gemeinsam ein Altenheim besucht. Die Fachkenntnisse der Teilnehmenden zum Themenkomplex »Demenz« können als gut, und die Einheit kann insgesamt als sehr erfolgreich beurteilt werden. In den Beurteilungen liest sich das beispielsweise folgendermaßen: »Sehr

positiv war, dass der theoretische Teil durch den Besuch im Altenheim ergänzt wurde, und somit ein anschaulicher Bezug zur Praxis entstand.«
Im Gruppengespräch zum Wechsel in die vierte Fortbildungsphase gingen die Teilnehmenden vor allem auf ihre Erlebnisse und Erkenntnisse im Prozess der Konzepterarbeitung ein. Die eigenen Auseinandersetzungen wurden beispielsweise folgendermaßen beschrieben:
»Zuerst hab' ich mir nicht zugetraut, ein Konzept zu entwickeln. Dann konnte ich kein Thema finden. Ich wollte zu etwas Neuem arbeiten. Dann hab' ich erkannt, dass die anderen Themen nicht meine Themen sind und ich bin bei meinem Thema geblieben. Dazu konnte ich dann auch ziemlich schnell ein Konzept erarbeiten. Wie wichtig der eigene Bezug zum Thema ist, dass ist mir sehr deutlich geworden.«

Die hier nur auszugsweise dargestellten Lehr- und Lernprozesse der dritten Fortbildungsphase »Konzepte« machen deutlich, dass das Ziel dieser Fortbildungsphase, das heißt reflexives geragogisches Lehren und Lernen als Umsetzung von gelernten Theorien in die institutsbezogene individuelle Praxis zu verstehen, sehr erfolgreich erreicht wurde.

Die vierte Fortbildungsphase »*Kompetenzen*« umfasste fünf Fortbildungstage mit insgesamt fünfzehn Fortbildungseinheiten. In der ersten Fortbildungseinheit stellte die zweite Gruppe von Teilnehmenden ihre selbst erarbeiteten Konzepte vor. Am letzten Fortbildungswochenende der 1. Fortbildung »Geragogik« standen insgesamt vier Fortbildungseinheiten für die Gesamtauswertung und Zertifizierung zur Verfügung. Somit war die vierte Fortbildungsphase die kürzeste Fortbildungsphase der 1. Fortbildung »Geragogik«.

In den verbleibenden Fortbildungseinheiten wurden sechs der gewählten sieben Kontextbereiche und drei der gewählten acht fachspezifischen Schwerpunkte thematisiert. Im Mittelpunkt dieser vierten Fortbildungsphase stand die Erlangung der Kompetenzen für die Praxis. Diese vollzog sich insbesondere durch Gruppenarbeiten und Rollenspiele.

Der Themenkomplex »Kommunikationstechniken und Gesprächsführung« aus dem fachspezifischen Schwerpunkt »Geragogik« bildet die Basis der Fach-, Methoden-, Sozial- und Personalkompetenzen, die zur fördernden Begleitung älterer Menschen notwendig sind. Von daher wurde dieser Themenkomplex ausführlich in der vierten Fortbildungsphase bearbeitet.

Evaluation der 1. Fortbildung "Geragogik"
Offener Fortbildungsplan

Vierte Phase: Kompetenzen		
Datum	Kontextbereich	Fachspezifischer Schwerpunkt: Thema
Samstag 06. 11. 2004	Referate Lernen und Bildung Gruppenarbeit / Rollenspiel	Vorstellung der eigenen Konzepte Geragogik: Kommunikationstechniken Reden: Gespräche gestalten
Samstag 20.11. 2004	Verlust, Tod und Sterben Wohnen Einzel- und Gruppenarbeit	Gerontosoziologie: Sterben / Suizid Geragogik: Denken und Intelligenz Gedächtnistest
Samstag 04. 12. 2004	Lebensperspektiven: Glauben und Spiritualität Familie, Partnerschaft und Sexualität Gruppenarbeit / Rollenspiel	Gerontopsychologie: Transpersonale Psychologie Geragogik: Kommunikationstechniken Zuhören: non- und verbale Gesprächsführung
Freitag 17. 12. 2004	Lebensperspektiven: Arbeit und Geld Vortrag Vortrag	Gerontosoziologie: Sozialpolitik Gesamtauswertung: Referenten Gesamtauswertung: Teilnehmende
Samstag 18.12. 2004	Freizeit und Kultur Gruppengespräch Zertifizierung	Gerontosoziologie: Erziehung und Bildung Visionen von zukünftigen Tätigkeiten Feier

1. Fortbildung "Geragogik" Folie Nr.: 22

Die differenzierte Bearbeitung des Themenkomplexes »Kommunikationstechniken und Gesprächsführung« wird an dieser Stelle beispielhaft für den Erfolg dieser Fortbildungsphase dargestellt. In den ersten Fortbildungseinheiten zu diesem Themenkomplex wurden in einem Fachvortrag verschiedene *verbale* Kommunikationstechniken mit ihren unterschiedlichen Problemen dargestellt und ausführlich diskutiert. Die praktische Umsetzung dieser theoretischen Erkenntnisse vollzog sich in der anschließenden Gruppenarbeit, in der die gesamte Lerngruppe einen Workshop vorbereitete. Auf Anfrage der Europäischen Senioren-Akademie hatten sich die Teilnehmenden dazu bereit erklärt, gemeinsam einen dreistündigen Workshop zum Thema »Geragogik – die Lust am Lernen ... ein Leben lang. Erfahrungen und Perspektiven eines Projektes« für das 7. Gerontologische Forum zu gestalten. Das außerordentliche Engagement der Teilnehmenden, ihre kreativen und innovativen Ideen in der Vorbereitung, konsequenten Umsetzung und sehr erfolgreichen Durchführung dieses Workshops, zeigten ihre sehr hohen fachlichen und sozial-kommunikativen Kompetenzen besonders deutlich.

In den darauf folgenden Fortbildungseinheiten zum gleichen Themenkomplex wurden in einem Fachvortrag verschiedene *nonverbale* Kommunikationstechniken mit ihren unterschiedlichen Problemen dargestellt und ausführlich diskutiert. In der anschließenden Gruppenarbeit, die sich hier in Rollenspielen konkretisierte, problematisierten die Teilnehmenden die konkrete Umsetzung der Einzel- und Gruppengesprächsführung unter besonderer Berücksichtigung des »Zuhörens« und der nonverbalen Kommunikation. Die Ergebnisse der Gruppenarbeiten zeigten auch hier die hohen sozial-kommunikativen Fachkompetenzen der Teilnehmenden, so dass auch diese Fortbildungseinheiten insgesamt sehr erfolgreich waren. In den sehr guten Beurteilungen der Einheiten durch die Teilnehmenden wurde beispielsweise formuliert: »Eine sehr wichtige Einheit!! Dankeschön!!«

Sowohl in den ausführlichen Gruppengesprächen der Referentinnen und Referenten, als auch in denen der Teilnehmenden, entwickelte sich die Auswertung der vierten Fortbildungsphase zugleich zur Gesamtauswertung der 1. Fortbildung »Geragogik«.

Im Gesprächsprotokoll der Referentengruppe liest sich dazu beispielsweise Folgendes: »In der Diskussion zum Fortbildungsstand und zur ersten Kurzauswertung der Fortbildung ›Geragogik‹ wurde gemeinsam festgestellt, dass die Beiträge der Teilnehmenden während der Kompaktphase, ihre eigenen Konzepte und ihre Präsentation auf dem 7. Gerontologischen Forum sehr deutlich zeigen, dass die 1. Fortbildung ›Geragogik‹ sehr positiv und erfolgreich verlaufen ist, und dass das Konzept der Fortbildung voll aufgegangen ist.«

Im Vortrag der Referentengruppe zur Gesamtauswertung der 1. Fortbildung »Geragogik« wurde diesbezüglich formuliert: »Gleichzeitig zeigte die Vielfalt ihrer sehr guten Beiträge, dass sie die Inhalte der Fortbildung »Geragogik« nicht nur verstanden hatten, sondern dass sie sie auch auf sich persönlich beziehen konnten. Um diesen persönlichen Bezug zum Wissen und zu den Kenntnissen geht es in der Geragogik. Dieser persönliche Bezug ist es, der ihre Konzepte auch wirklich zu *ihren* Konzepten werden ließ. So ist durch ihre Konzeptvorstellung und Präsentation auf dem 7. Gerontologischen Forum das Konzept der Fortbildung »Geragogik« aufgegangen. Insbesondere mit ihrer Präsentation auf dem 7. Gerontologischen Forum haben sie ihre fachlichen, methodischen, sozialen und personalen Kompetenzen repräsentativ unter Beweis gestellt. Sie haben sie schlicht und einfach perfekt angewandt. Herzlichen Dank!«

Im Vortrag der Teilnehmenden gliederte sich die Gesamtauswertung der 1. Fortbildung »Geragogik« entsprechend der vier Fortbildungsphasen. Zur vierten Fortbildungsphase wurde hier bemerkt: »In dieser Phase fand ich grundsätzlich die Art und Weise, die Präsentation und somit insgesamt die Inszenierung durch die Referentinnen und Referenten gut. Die Anschaulichkeit und Kompetenz zu den einzelnen Themen waren gegeben.«

Zur Einschätzung der gesamten Fortbildung wurde im Schluss-Fazit unter anderem formuliert: »Eine große Bereicherung war und ist es für mich diese Gruppe von Menschen kennen gelernt zu haben. Da wir alle aus unterschiedlichen Bereichen kommen, war diese Fortbildung sicherlich in den einzelnen Phasen trotz der Kritik erfolgreich.«

Im Gruppengespräch nach den Gesamtauswertungen wurde als Fazit aus der 1. Fortbildung »Geragogik« das nachstehende Gedicht von einer Teilnehmerin vorgetragen:

Zur Erinnerung an die 1. Fortbildung »Geragogik«

Ich war in Gedanken bei meinem Leben:
Was kann es noch alles, wichtiges, geben?
Und stieß dabei auf ein neues Wort
und auf diesen wundervollen Tagungsort.
Hier verweilte ich so dann und wann
und bekam zur »Geragogik« einen Hang
- und durfte von lieben Menschen umgeben,
nach neuen Aspekten suchen: für' s Leben.
Ich bewegte mich in Kontexten
– vor und zurück –,
bekam eine Ahnung von einem Lebensstück.
Dieses ›Stück‹ kann ich nun sortieren,
authentisch mit Euch ausprobieren.
Voneinander lernen ohne Grenzen,
mit neu erworbenen Kompetenzen.
Den Lebensspuren nachzuspüren
und Identitäten leicht berühren,
dabei den Blick auch auf mich
– nach innen –
so können wir mit der Geragogik
neu beginnen.
(B. W.)

Die hier nur beispielhaft dargestellten Ereignisse der vierten Fortbildungsphase »Kompetenzen« machen deutlich, dass das Ziel dieser Fortbildungsphase, das heißt Lernen als eigenen lebenslangen Prozess zu verstehen, sehr erfolgreich erreicht wurde.

Des Weiteren machen sie deutlich, dass auch die Ziele der 1. Fortbildung »Geragogik« insgesamt erfolgreich erreicht wurden. Das heißt, die Teilnehmenden haben die Besonderheiten der Lebensphase Alter detailliert kennen gelernt und die Fach-, Methoden-, Sozial- und Personalkompetenzen erlangt, die sie in die Lage versetzen, den Lebenslauf und Sozialisationsprozess älterer Erwachsener und alter Menschen fördernd zu begleiten.

Alle Teilnehmerinnen und Teilnehmer schlossen die 1. Fortbildung »Geragogik« mit einem Zertifikat der Europäischen Senioren-Akademie am 18. Dezember 2004 erfolgreich ab.

Die Ziele der Europäischen Senioren-Akademie und die der Referentinnen und Referenten der 1. Fortbildung »Geragogik« wurden ebenfalls erfolgreich erreicht. Dass ihre Ziele, wie regionale Multiplikatoren auszubilden, das bürgerschaftliche Engagement zu erhöhen und neue Lebensperspektiven zu schaffen, erfolgreich erreicht wurden, zeigt sich nicht nur daran, dass sich die Teilnehmenden weiter als Gruppe treffen, sondern auch daran, dass die Visionen der Teilnehmenden von ihren zukünftigen Tätigkeiten, die sie im Gruppengespräch zum Ende der Fortbildung »Geragogik« formuliert hatten, bei einem ersten Nachtreffen der Lerngruppe im Februar 2005 bereits zum größten Teil realisiert waren. Der Erfolg der 1. Fortbildung »Geragogik« wird zudem daran deutlich, dass sich auch die Referentinnen und Referenten weiterhin als Gruppe treffen und die nächste Fortbildung »Geragogik« planen.

Zum Abschuss der Evaluation der 1. Fortbildung »Geragogik« soll auf einige Problemkomplexe bei der Umsetzung des Curriculums der Fortbildung »Geragogik« besonders eingegangen werden.

Zur Auswertung der Fortbildung: Eine Fortbildung, in der es in einem gemeinsamen Lehr- und Lernprozess vorrangig nicht um die Aufeinanderfolge von objektiven Lerninhalten, sondern um das gemeinsame Lehren und Lernen in der Gruppe geht, kann nicht numerisch ausgewertet werden. Der persönliche Bezug zum eigenen Wissen und zu den eigenen Kenntnissen, um den es in der Geragogik geht, kann nicht an Noten festgemacht werden.

Die hier vorgestellte, auf standardisierten Beurteilungs- und Einschätzungsbögen, sowie auf Gesprächprotokollen und Fortbildungsunterlagen beruhende Auswertung ist eine Form, Erfolge, Chancen und Probleme einer solchen Fortbildung zu beschreiben. Aber selbst bei der hier angewandten, vereinfachten Form der standardisierten Beurteilung und Einschätzung gab es Auswertungsprobleme. Denn die Bereitschaft, standardisierte Beurteilung- und Einschätzungsbögen auszufüllen, nahm im Fortbildungsverlauf kontinuierlich ab. Zudem hat sich gezeigt, dass die Fremdeinschätzung bei standardisierten Beurteilungen leichter fiel als die Selbsteinschätzung. Während dies in den Gesprächen genau umgekehrt war. In Gesprächen fiel die Selbsteinschätzung leichter als die Fremdeinschätzung.

Zu Aufbau und Struktur der Fortbildung: Bei der Umsetzung der Phasenstruktur der Fortbildung »Geragogik« hat sich gezeigt, dass die Referentinnen und Referenten zunächst erhebliche Schwierigkeiten hatten, entsprechend der vier Fortbildungsphasen zu unterrichten, während die Teilnehmenden die Phasenstruktur sehr schnell verinnerlicht hatten.

Zu den Inhalten der Fortbildung: Bei der Vermittlung der Inhalte der Fortbildung »Geragogik« ist sehr schnell deutlich geworden, dass sich das Konkretisieren der Kontextbereiche an den fachspezifischen Schwerpunkten, oder das Konkretisieren der fachspezifischen Schwerpunkte an den Kontextbereichen, problemlos vollzog. Die gewählten sieben Kontextbereiche und sieben der gewählten acht fachspezifischen Schwerpunkte wurden sehr ausführlich bearbeitet. Ein fachspezifischer Schwerpunkt, die »Lebensbegleitenden Aspekte der Gerontopsychiatrie«, wurde allerdings gar nicht behandelt. Dieses Versäumnis der 1. Fortbildung »Geragogik« sollte sich in weiteren Fortbildungen nicht wiederholen.

Auf die einzelnen Themen der fachspezifischen Schwerpunkte ausführlich einzugehen, würde den Rahmen dieser Auswertung sprengen. Diesbezüglich soll nur kurz auf zwei Problemkomplexe hingewiesen werden. Auf den Problemkomplex, der zusätzlich zum Curriculum aufgenommenen Themen, wurde bereits im Rahmen der Auswertung der 1. Fortbildung »Geragogik« eingegangen. Andere Themen der fachspezifischen Schwerpunkte sind im Rahmen der 1. Fortbildung »Geragogik« nicht behandelt worden. Das lag zum Beispiel daran, dass viele Themen, wie »Soziologie des Wohnens«, »Soziologie der Familie« etc., bereits als Kontextbereich, oder unter einem anderen fachspezifischen Schwerpunkt, thematisiert wurden. Sie wurden dann nicht noch einmal als Thema eines anderen fachspezifischen Schwerpunktes behandelt.

Die Übertragbarkeit der Fortbildung »Geragogik« auf andere Regionen, Bildungsträger und Zielgruppen, wie beispielsweise ältere Arbeitnehmerinnen und Arbeitnehmer oder Beschäftigte in der Altenpflege, ist insofern gegeben, als dass dazu nur Bildungsträger, Betriebe oder Einrichtungen der Altenpflege gefunden werden müssen, die interessiert und engagiert sind, sich auf eine andere Fortbildungsform, eine andere

Didaktik und Methodik, sowie auf neue Inhalte einzulassen. Im Anschluss daran müssen Referentinnen und Referenten gefunden werden, die ebenso interessiert und engagiert sind, sich auf Teamarbeit und einen gemeinsamen Lehr- und Lernprozess einzulassen. Interessierte und engagierte Teilnehmerinnen und Teilnehmer werden, bei entsprechender Öffentlichkeitsarbeit, den Weg zur Fortbildung »Geragogik« selber finden.

4 Literatur

Arnold, Brunhilde (2000): Geschichte der Altenbildung. In: Becker, Susanne; Veelken, Ludger; Wallraven, Klaus-Peter (Hg.): Handbuch Altenbildung. Theorien und Konzepte für Gegenwart und Zukunft. Opladen: Leske und Budrich. 15-38

Berger, Peter L.; Luckmann, Thomas (1966/1974): Die gesellschaftliche Konstruktion der Wirklichkeit. Eine Theorie der Wissenssoziologie. Frankfurt a. M.: S. Fischer

BMFSFJ (2002): Bundesministerium für Familie, Senioren, Frauen und Jugend (Hg.): Vierter Bericht zur Lage der älteren Generation. Berlin: BMFSFJ

Breloer, Gerhard (2000): Altenbildung und Bildungsbegriff. In: Becker, Susanne; Veelken, Ludger; Wallraven, Klaus-Peter (Hg.): Handbuch Altenbildung. Theorien und Konzepte für Gegenwart und Zukunft. Opladen: Leske und Budrich. 38-50

Brenner, Dietrich (1977): Aspekte und Probleme einer pädagogischen Handlungsweise. Kastellaun: Henn

Deutscher Bundestag (Hg.) (2002): Schlussbericht der Enquête-Kommission »Demographischer Wandel – Herausforderungen unserer älter werdenden Gesellschaft an den Einzelnen und die Politik«. Drucksache 14/8800. Köln: Bundesanzeiger

Göhlich, Michael (1997): Offener Unterricht. Community Education. Alternativschulpädagogik. Reggiopädagogik. Weinheim; Basel: Beltz

Goetze, Herbert (1992): ›Wenn freie Arbeit schwierig wird ...‹ Stolperstein auf dem Weg zum Offenen Unterricht. In: Reiß, Günter; Eberle, Gerhard (Hg.): Offener Unterricht – Freie Arbeit mit lernschwachen Schülerinnen und Schülern. Weinheim: Deutscher Studien Verlag. 254-263

Gouldner, Alvin W. (1974): Die westliche Soziologie in der Krise. Reinbek: Rowohlt

Krawitz, Rudi (1992): Pädagogik statt Therapie: Vom Sinn individualpädagogischen Sehens, Denkens und Handelns. Bad Heilbrunn/Obb.: Klinkhardt

Neuhaus-Siemon, Elisabeth (1989): Offener Unterricht – eine neue pädagogische Utopie. In: Pädagogische Welt. 9/1989. 406-411

Ramseger, Jörg (1992): Offener Unterricht in der Erprobung. Weinheim; München: Juventa

Rau, Johannes (2000): Rede auf dem »Ersten Kongress des Forum Bildung«. Berlin. 14.07.2000. http://www.bundespraesident.de/dokumente/Rede/ix_13655. htm

Reketat, Heike (2001): Offener Unterricht – Eine Fördermöglichkeit für hoch begabte Kinder in Regelschulen !? Münster: Lit

Saup, Winfried (1993): Alter und Umwelt. Eine Einführung in die Ökologische Gerontologie. Stuttgart; Berlin; Köln: Kohlhammer

Schäuble, Gerhard (1999): Empowerment: Utopien und Visionen des Alters. Unveröffentlichtes Manuskript. Januar 1999

Schilling, Johannes (1993): Didaktik, Methodik der Sozialpädagogik: Grundlagen und Konzepte. Studienbücher für soziale Berufe. Neuwied; Kriftel; Berlin: Luchterhand

Schittko, Klaus (1993): Offener Unterricht. Offene Unterrichtsform. Öffnung von Schule – Begriffserklärung und Hinweise zur Umsetzung. In: Niedersächsisches Schulverwaltungsblatt. 5/1993. 164-167

Schütz, Alfred; Luckmann, Thomas (1979/1984): Strukturen der Lebenswelt. 2 Bände. Frankfurt a. M.: Suhrkamp

Veelken, Ludger (1990): Neues Lernen im Alter. Heidelberg: Sauer

Veelken, Ludger (1994): Geragogik/Sozialgeragogik – eine Antwort auf neue Herausforderungen an gerontologische Bildungsarbeit, Kultur- und Freizeitarbeit. In: Veelken, Ludger; Gösken, Eva; Pfaff, Matthias (Hg.): Gerontologische Bildungsarbeit – Neue Ansätze und Modelle. Hannover: Vincentz. 13-52

Veelken, Ludger (2000): Geragogik: Das sozialgerontologische Konzept. In: Becker, Susanne; Veelken, Ludger; Wallraven, Klaus-Peter (Hg.): Handbuch Altenbildung. Theorien und Konzepte für Gegenwart und Zukunft. Opladen: Leske und Budrich. 87-94

Veelken, Ludger (2001): Geragogik – Alles Wissen zielt auf Selbsterkenntnis. In: Veelken, Ludger; Gösken, Eva; Pfaff, Matthias (Hg.): Alter und Aufbruch in neue Lebens- und Wissenschafts- Welten. 20 Jahre Weiterbildendes Studium für Seniorinnen und Senioren an der Universität Dortmund. Oberhausen: Athena. 85-106

Veelken, Ludger (2003): Reifen und Altern. Geragogik kann man lernen. Oberhausen: Athena

de Vries, Bodo (2005): Handlungstheoretische Grundlagen – Die Typisierung von Handlungsabläufen und die Zuweisung von sozialen Rollen und Rollentypologien innerhalb einer Institution. In: Poser, M.; Schneider, Kordula: Leiten, Lehren und Beraten. Fallorientiertes Lehr- und Arbeitsbuch für Pflegemanager und Pflegepädagogen. Zürich: Huberverlag. Erscheint im August 2005

Wallraven, Klaus-Peter; Becker, Susanne; Veelken, Ludger (2000): Einleitung. In: Becker, Susanne; Veelken, Ludger; Wallraven, Klaus-Peter (Hg.): Handbuch Altenbildung. Theorien und Konzepte für Gegenwart und Zukunft. Opladen: Leske und Budrich. 9-13

www.wissen.de 23.09.03: http://www.wissen.de. 23.09.2003

Bodo de Vries

Geragogik – Ein Beitrag zum Wandel der gesellschaftlichen Beziehungsgeflechte

1 Der Wandel der gesellschaftlichen Beziehungsgeflechte

Die Tatsache, dass die Bevölkerungsentwicklung Veränderungen bewirkt, welche die Anzahl und den Anteil einzelner Altersklassen unserer Gesellschaft erheblich und nachhaltig verändern, kann am Anfang des 21. Jahrhunderts als allgemeines gesellschaftliches Wissen betrachtet werden. Merkmale dieser Veränderungen äußern sich
- durch zurückgehende Geburten,
- durch eine längere Lebenserwartung,
- durch einen reduzierten Anteil jüngerer Menschen an der Gesamtbevölkerung,
- durch einen steigenden Anteil alter Menschen an der Gesamtbevölkerung.

Wurden 1991 in Deutschland noch 830.019 Kinder lebend geboren, waren es im Jahr 2000 mit 766.971 bereits 63.048 Kinder weniger (Deutscher Bundestag 2002: 18). Die Lebenserwartung eines neugeborenen Jungen liegt nach Angaben des Statistischen Bundesamtes (1997/1999) bei 74,4 Jahren, für ein neugeborenes Mädchen bei 80,6 Jahren. Nach der Sterbetafel von 1991/1993 lag sie für Jungen bei 72,5 Jahren, für Mädchen bei 79,0 Jahren (Deutscher Bundestag 2002: 19).

Die zunehmende Verschiebung der Anteile junger und alter Menschen lässt sich durch die Veränderung des Durchschnittalters der deutschen Bevölkerung darstellen: In der Zeit von 1950 bis 1990 stieg das Durchschnittsalter von 34,7 auf 39,7 Jahre. Allein im Zeitraum von 1991 bis 1999 ist es insgesamt um 1,5 Jahre gestiegen. Wie in allen westlichen Industriestaaten verändert der Demographische Wandel die Gesellschaft nachhaltig. Die Bevölkerung der Bundesrepublik Deutschland wird von rund 82,5 Millionen Menschen im Jahr 2003 auf rund 24,1 Millionen im Jahr 2050 zurückgehen. »Selbst wenn der Rückgang durch die Zuwanderung und eine steigende Lebenserwartung geringer ausfallen sollte, wird sich auf jeden Fall die Bevölkerung auch in ihrer Struktur nachhaltig verändern« (Deutscher Bundestag 2002: 20).

Folgt man politischen Diskussionen oder Beiträgen in den Medien, werden diese Merkmale zunehmend als Aufforderung gedeutet, die Sicherungssysteme der Kranken-, Renten- oder Pflegersicherung anzupassen und damit auf ihre finanziellen Folgen hin zu betrachten. Die Tatsache, dass sich hinter diesen Entwicklungen nachhaltige Transformationen der Beziehungsgeflechte der mitteleuropäischen Gesellschaften befinden, tritt bei diesen Diskussionen weitgehend in den Hintergrund und ist nicht motivierender Gegenstand einer gesamtgesellschaftlichen Diskussion. Die gesellschaftlichen und personalen Auswirkungen von Veränderungen in den Beziehungsgeflechten, die sich ergeben, wenn sich strukturell das Gegenüber verändert, das heute Bindung, Identität und weitere Bedürfnisse älterer Menschen befriedigt, sind nicht Gegenstand der heutigen Diskussionen. Sozialgerontologische oder geragogische Handlungskonsequenzen werden nicht abgeleitet, um neue gesellschaftliche Rahmenbedingungen oder alternative Formen in der Gemeinwesenarbeit zu gestalten, die hier als Anpassungsleistungen ebenso notwendig werden, wie die Reform von Pflege- und Krankenversicherungen.

Das heißt, die Frage, aus welchen Beziehungskonstellationen ältere Menschen von Morgen
- Liebe,
- Trost,
- Identität,
- Bindung,
- Einbeziehung,
- Beschäftigung oder
- Erwerbsarbeit ableiten, bleibt unberücksichtigt.

Wenn sich die heutigen Beziehungen, in die ein älterer Mensch eingebunden ist nicht im Einzelfall, sondern in einem zunehmenden Maße für eine steigende Anzahl älterer Menschen verändern, dann entsteht eine gesellschaftliche Transformation der Beziehungsgeflechte, welche die Lebensphase Alter so strukturiert, dass jede Generation älterer Menschen im Alter veränderte Rahmenbedingungen der Beziehungsgeflechte vorfinden wird. Der Demographische Wandel bewegt die Beziehungsgeflechte zwar in allen Lebensphasen, jedoch in der Lebensphase Alter in besonderer Weise. Eben hieraus ergeben sich neue und zusätzliche geragogische Handlungsgebiete und -anforderungen, deren Ansätze es zu beschreiben gilt.

1.1 Auswirkungen des Demographischen Wandels auf die Beziehungsgestaltung und Lebenswelt alter Menschen

Als exemplarische Auswirkungen deuten folgende Hypothesen erste Ansätze und Auswirkungen der gesellschaftlichen Transformation an (vgl. Tews 1993: 21ff):

- Nimmt die Zahl der Kinder und Enkel bei den nachwachsenden Generationen ab, fallen auch Kontakte, wechselseitige Handlungsorientierungen und Hilfen aus. Wer keine Kinder hat, der hat auch keine Enkel. Wer weniger Kinder hat, der hat weniger Enkel.
- Nimmt der Anteil der Hochaltrigen zu, dann ist damit häufigerer Hilfebedarf und Pflegebedarf verbunden. Das führt zu erhöhten Ansprüchen auf entsprechende Leistungen an die nachfolgende Generation.
- Reduzieren sich – allein durch ihre geringe Zahl – die Beziehungsmöglichkeiten zu den nachwachsenden Generationen, so ist eine wachsende Anzahl an Älteren auf Kontakte zu Gleichaltrigen angewiesen. Die intergenerativen Beziehungen reduzieren sich, die intergenerativen Beziehungen bekommen eine neue Relevanz.
- Nehmen inter- und intragenerative Solidaritäten zum Beispiel bei der Deckung des Hilfs- und Pflegebedarfs ab, ist Ersatz durch andere Formen erforderlich.
- Werden die Ausgaben für die Jüngeren und die jungen Familien zugunsten der älteren Menschen verringert, stellt sich verstärkt die Frage der Solidarität zwischen den Generationen.

Aber nicht nur der Demographische Wandel, der hier als gesellschaftliche Transformation der Beziehungsgeflechte verstanden wird, fordert die Geragogik. Die Veränderungspotentiale der Transformation ergeben sich durch den Wandel der gesellschaftlichen Beziehungsgeflechte. Hier finden, aus der Perspektive der generativen Betrachtung, die verschiedenen Generationen älterer Menschen zunehmend differenzierte Konstellationen von Beziehungen vor, und sie verhalten sich zu diesen und werden in diese eingebunden. Bei dieser Betrachtungsweise ist die Geragogik gefordert intergenerative Prozesse zu fördern, das heißt die veränderten Ausgangsbedingungen des Alters aus dem Blickwinkel der gesellschaftlichen Veränderungen zu betrachten und zu fördern. Hier geht es darum, die lebensweltlichen Zusammenhänge älterer Menschen im Kontext des Sozialen Wandels erfolgreich an die Lebensphase Alter zu adaptieren, um den sozialen und personalen Anforderungen und Bedürfnissen älterer Menschen zu entsprechen.

Die gleiche Aufgabenstellung ergibt sich aus einem anderen Kontext und fordert die Geragogik aus der Perspektive der intragenerativen Betrachtung. Bei dieser Perspektive geht man von jenen Prozessen aus, in die der Einzelne in seinen biografischen Zusammenhängen eingebunden ist. Diese Perspektive konnte bislang auf eine relative Konstanz der beteiligten Akteure verweisen: Die Familie und das Gemeinwesen stellten wechselseitige Beziehungsgeflechte her, in die ältere Menschen eingebunden waren. Aus diesen Geflechten und Netzwerken wurden Handlungssicherheit und auf der emotionalen Ebene Geborgenheit abgeleitet. Diese Sicherheit bewirkte eine handlungsdeterminierende Kraft, die das Alter und die gesellschaftlichen Zusammenhänge strukturierte. Wenngleich diese Kraft längst nicht mehr homogene Lebensverhältnisse älterer Menschen hervorgebracht hat, sondern plurale Lebensentwürfe, wird die gesellschaftliche Transformation der Beziehungsgeflechte aus der Perspektive des Demographischen Wandels hier eine neue Qualität der Beziehungsgeflechte produzieren.

Das bedeutet nicht unbedingt einen Wandel im Sinne einer besseren oder schlechteren Qualität. Diese Prozesse müssen auch nicht zwangsläufig zu einer negativeren Entwicklung der Lebensphase Alter führen. Derartige pessimistische Szenarien lassen sich keineswegs schlüssig prognostizieren und aus dem Wandel der Beziehungsgeflechte ableiten. Prognostizieren lässt sich aber ein Veränderungspotential, das die Beziehungsgeflechte transformiert und zum Beispiel in den genannten Hypothesen der Auswirkungen der gesellschaftlichen Transformation zum Ausdruck kommt.

Im Übrigen darf bei diesen Überlegungen nicht unbeachtet bleiben, dass die Lebensphase Alter von heute keineswegs von älteren Menschen als ein Lebensabschnitt gedeutet wird, der im Verhältnis zu anderen Lebensphasen eine besondere Lebenszufriedenheit hervorbringt. Betrachtet man die Bereitschaft zur Selbsttötung als Indikator für die Attraktivität einer Lebensphase, muss festgestellt werden, dass ältere Menschen aus ihren lebensweltlichen Zusammenhängen eine spezifische Neigung zu Selbsttötungen beziehungsweise Alterssuiziden ableiten. Die Suizidrate ist in keiner Lebensphase so hoch wie im höheren Lebensalter und steigt kontinuierlich mit diesem an. Es muss deshalb davon ausgegangen werden, dass die Anreize zu Selbsttötungen im Alter besonders hoch sind und mit dem umfassenden Anstieg der Anzahl alter Menschen auch von einem umfassenden Anstieg der Selbsttötungen im höheren Lebensalter auszugehen ist (de Vries 1996).

Vor diesem Hintergrund lässt sich ableiten, dass die Aufgabenstellung der Geragogik auch ohne die Veränderungen durch den Demographischen Wandel als umfassend zu betrachten ist und mit einer Steigerung der gesellschaftlichen Akzeptanz geragogischer Ansätze umfassende Aufgabengebiete einer Begleitung des Alterns und Alters abzuleiten wären. Mit der steigenden Anzahl alter Menschen steigt jedoch der gesellschaftliche Handlungsbedarf geragogische Handlungsstrategien als Anpassungsmaßnahme und Reaktion auf die Bevölkerungsentwicklung.

Es kann also festgehalten werden, dass die gesellschaftliche Transformation der Beziehungsgeflechte, aus der Perspektive des Demographischen Wandels und aus dem Blickwinkel der biografischen Zusammenhänge älterer Menschen, den Wandel der Beziehungsgeflechte im Alter umfassend determiniert.

Damit bleibt aber noch die Frage zu klären, wie sich diese Determination der Beziehungsgeflechte vollzieht: Wie und in welcher Form strukturieren sich Beziehungen, in die ältere Menschen eingebunden sind? Wie und in welcher Form strukturiert sich die Lebensphase Alter?

1.2 Lebensweltorientierung als Haltung in der Begegnung älterer Menschen

Beziehungen und Begegnungen in die Menschen eingebunden sind, lassen sich als konstitutives Element des Zusammenlebens von Menschen überhaupt darstellen. Sie strukturieren sich vor dem Hintergrund, dass die beteiligten Akteure dieser Begegnungen und Beziehungen Regelmäßigkeiten und Typisierungen aus diesem Zusammentreffen und vis-à-vis Situationen ableiten, die ihnen Handlungssicherheit in vergleichbaren Situationen bieten (Schütz 1974).

Für das Verstehen älterer Menschen, die aufgrund der erlebten Lebenszeit umfassende und häufig einzigartige Typisierungen aus Begegnungen und Beziehungen abgeleitet haben, ist die Auseinandersetzung mit eben diesen Ableitungen von maßgeblicher Bedeutung. Aus eben diesen Ableitungen lässt sich die Welt, in der ältere Menschen leben, erschließen, das heißt die Lebenswelt des alten Menschen mit ihren einzigartigen und den kollektiven Erfahrungen ganzer Generationen verstehen.

Die Welt, in der ein alter Mensch heute lebt, ist seine Lebenswelt, die er aus dem Alltag seiner biografischen Lebenszusammenhänge abgeleitet hat. Sie resultiert aus Selbstverständlichkeiten und einer biografisch geprägten Intentionalität, die sich einzigartig darstellt und durch die geragogische Hinwendung in ihrer Typik und Routine als Lebenswelt verstanden werden kann (de Vries 2005). Diese Anforderung an die Geragogik gilt für die empathische Hinwendung zur Lebenswelt eines pflegebedürftigen Heimbewohners, wie für das Verstehen eines älteren Arbeitnehmers oder die Begleitung der Jungen Alten, die in den touristischen Mittelmeermetropolen ihr Leben gestalten.

Damit wird die Lebenswelt zu einer biografisch gewachsenen Welt, die in das »Hier und Jetzt« einer Pflegeeinrichtung, eines Betriebes oder einer zufälligen Begegnung auf der Straße »importiert« wird.

1.3 Gesellschaftliche Anforderungen an die Geragogik

Wir haben es mindestens mit zwei gesellschaftlichen Prozessen zu tun, die das höhere Lebensalter verändern und besondere Anforderungen an die Geragogik und damit an die Hinführung zum Alter beziehungsweise zur Begleitung des Alterns stellen (Veelken 2000).

Einerseits ist die Lebensphase Alter als menschliche Erfindung zu deuten, mit der die Gesellschaft noch keineswegs flächendeckend umzugehen weiß. Die Lebensphase Alter ist wesentlich im letzten Jahrhundert durch die Freisetzung älterer Menschen von der Familienarbeit und Erwerbstätigkeit entstanden (Ehmer 1990). In dieser Lebensphase ist heute jeder Einzelne aufgefordert, sich im Kontext seiner Biografie auf die Lebensphase Alter einzustellen und sich dieser – in der sozialgeschichtlichen Betrachtung – neuen Lebensphase zu stellen.

Andererseits transformiert der Demographische Wandel die Lebensphase Alter so, dass ein generationsübergreifendes Lernen alter Menschen in den Umgang und mit der Bewältigung dieser Lebensphase weitgehend ausgeschlossen ist, wie in den folgenden Abschnitten deutlich werden soll. Hierbei geht es um Veränderungspotentiale, die aus einem allgemeinen gesellschaftlichen Wandel abgeleitet werden und zunehmend auf die Generationen älterer Menschen einwirken und damit die Lebensphase Alter transformieren. Die Beziehungsgestaltung und die Förderung von Entwicklungspotentialen durch die Geragogik müssen auf beide Prozesse reagieren, um als Begleitung des Alterns und der Lebensphase Alter ernst genommen zu werden.

2 Geragogik als Beitrag zum Wandel der betrieblichen Milieus

Der Wandel in der Bevölkerungsentwicklung verändert nicht nur allgemeine Beziehungsgeflechte in der Gesellschaft, sondern stellt auch die Arbeitswelt vor umfassende neue Anforderungen.

Was macht eine Gesellschaft, die anfängt zu begreifen, dass die heutige Produktionsfähigkeit der Unternehmen nur dann gesichert werden kann, wenn zunehmend ältere Mitarbeiter in der Arbeitswelt integriert bleiben beziehungsweise werden und für Leistungsmerkmale stehen, die ihnen heute nicht ohne weiteres zugeschrieben werden? Eine derartige Fragestellung erhält übrigens auch dann ihre besondere Relevanz, wenn man den Auswirkungen der Bevölkerungsentwicklung eine nachrangige Bedeutung in der Zusammensetzung der Belegschaft zuschreibt. Das heißt selbst dann, wenn man annimmt, dass Aspekte der weltweiten Globalisierung und nationale Rationalisierungsmaßnahmen einen zunehmenden Bedarf an zusätzlichen (jüngeren) Mitarbeitern nicht umfassend erforderlich machen, stellt sich die Frage nach den Leistungspotentialen der betrieblichen Belegschaften. Welche Ressourcen haben ältere Mitarbeiter? Wie stellen sich die Leistungspotentiale jüngerer und älterer Mitarbeiter dar, wenn der Anteil der älteren Mitarbeiter an der Belegschaft steigt?

Die Europäische Senioren-Akademie beschäftigt sich seit mehreren Jahren mit der Situation älterer Arbeitnehmerinnen und Arbeitnehmer in Unternehmen und hat im Jahr 2002 eine Befragung von 99 Personalverantwortlichen in 82 Betrieben und 17 Verwaltungen im Kreis Borken durchgeführt[1]. Als »Personalverantwortliche« wurden die Geschäftsführung beziehungsweise die Personalchefs definiert, die durch einen standardisierten Fragebogen Auskunft über die Altersstruktur ihrer Betriebe und über die besonderen Leistungsmerkmale ihrer Mitarbeiter gaben. Außerdem wurde nach dem Ausscheiden älterer Mitarbeiterinnen und

---

[1] Die Untersuchungsergebnisse können über das Institutsportal der Europäischen Senioren-Akademie (www.europaeische-senioren-akademie.de) abgerufen werden, wo sie unter der Rubrik Kompetenzzentrum, Lernen am Übergang Beruf-Alter als Download erhältlich sind.

Mitarbeiter aus dem Betrieb beziehungsweise der Verwaltung gefragt. Ausgewertet werden konnten die Antworten von 13 Verwaltungen und 17 Unternehmen mit insgesamt 10.125 Arbeitnehmern.

2.1 Der Anteil älterer Arbeitnehmer an der Belegschaft in Betrieben und Verwaltungen

Die Untersuchungsergebnisse belegen eine jugendzentrierte Personalpolitik und -steuerung, die sich an verschiedenen Merkmalen belegen lässt. Die Altersstruktur der Verwaltungen und Betriebe belegt mit 12% bei den Verwaltungen und 9% bei den Betrieben eine reduzierte Belegschaft in den Altersklassen der 55- bis 64-Jährigen.

	bis 45 Jahre	45-54 Jahre	55-64 Jahre	65 Jahre und älter
Verwaltungen	55%	28%	12%	5%
Betriebe	70%	21%	9%	0%

Tab. 1: Altersstruktur der Arbeitnehmerinnen und Arbeitnehmer im Kreis Borken (Angaben in Prozent)
Quelle: Europäische Senioren-Akademie. Zur Situation älterer Arbeitnehmer im Kreis Borken. Im Auftrag des Netzwerkes AMPEL (www.europaeische-senioren-akademie.de).

Die Untersuchungsergebnisse im Kreis Borken legen die Vermutung nahe, dass die Erwerbsbeteiligung älterer Menschen in der Tendenz der allgemeinen Erwerbsbeteiligung in Deutschland entspricht. Hierbei kann für das Jahr 2000 von einer Erwerbsbeteiligung der 60- bis 64-Jährigen von 24% in den alten Bundesländern und von 14,8% in den neuen Bundesländern ausgegangen werden (Mikrozensus 2002: 61).

Sowohl die befragten Verwaltungen und Betriebe im Kreis Borken, als auch die Bundesrepublik Deutschland sind damit deutlich von den Anforderungen der EU-Kommission entfernt, die das aktive Altern und eine daraus abgeleitete erhöhte Erwerbsbeteiligung älterer Menschen fordert:

»Die Mitgliedstaaten sollten eine Politik zur Förderung des aktiven Alterns erarbeiten, indem sie Maßnahmen beschließen, die darauf abzielen, Arbeitsfähigkeit und Qualifikationen älterer Arbeitskräfte zu erhalten, flexible Arbeitsmodelle einzuführen und Arbeitgeber für das Potential älterer Arbeitnehmer zu sensibilisieren« (Kommission der Europäischen Gemeinschaft 2001).

In diesem Sinne hat die EU-Kommission mit dem Europäischen Rat die Ziele der Beschäftigungspolitik konkretisiert und beschlossen, die Beschäftigungsquote älterer Arbeitnehmer (55- bis 64-Jährige) bis zum Jahr 2010 auf 50 Prozent zu erhöhen.[2]

2.2 Auswirkungen der jugendzentrierten Personalpolitik und -steuerung

Es kann allgemein davon ausgegangen werden, dass die Personalverantwortlichen in den Betrieben und Verwaltungen eine jungendzentrierte Personalsteuerung betreiben, die den Effekt einer reduzierten Beteiligung älterer Arbeitnehmerinnen und Arbeitnehmer an der Belegschaft zur Folge hat. Wenngleich diese Form der Personalsteuerung auf der Seite der älteren Belegschaft in der Vergangenheit nicht nur negativ bewertet worden ist und durch staatliche Maßnahmen zur Beschäftigungspolitik sogar gefördert wurde, erfordern die heutigen und zukünftigen Handlungsprinzipien der Personalverantwortlichen veränderte Leitbilder. Letztere Annahme leitet sich aus der Hypothese ab, dass die heutigen Produktionsprozesse nur dann am Standort Deutschland gesichert werden können, wenn Sie zukünftig von und mit älteren Mitarbeitern vollzogen werden. Heute sind ca. zwei Drittel aller Existenzgründer unter 40 Jahre (Risch 2005: 12ff). Wenn sich diese Altersklassen reduzieren, ist zumindest nicht zwangsläufig davon auszugehen, dass die Existenzgründungen und die daraus ableitbare Wirtschaftskraft in Deutschland konstant bleiben. Eine Verlagerung von Existenzgründungen auf das höhere Lebensalter der 50-Jährigen und Älteren, dürfte ohne weitere motivationale Anreize eher unwahrscheinlich sein.

Damit stellt sich die Frage, wie eine jugendzentrierte Personalpolitik und -steuerung entsteht, beziehungsweise aufrechterhalten werden kann, wenn die Bevölkerungsentwicklung eine Hinwendung zu älteren Altersklassen nahe legt? Warum entsteht noch keine neue Kultur des Lernens älterer Arbeitnehmer, die beispielsweise durch einen längeren Verbleib in

---

[2] In Deutschland lag die Beschäftigungsquote der 55- bis 65-Jährigen im Jahr 2001 bei 37,7%, was dem EU Durchschnitt von 35,9% (1995) sehr nahe kommt (vgl. European Commission: Employment in Europe 2002. Recent Trends an Prospects. Brüssel 2002: 173).

den Betrieben und Verwaltungen erkennbar ist? Hierbei kann das Wissen um die Bevölkerungsentwicklung bei den Personalverantwortlichen als allgemeines gesellschaftliches Wissen vorausgesetzt, sowie aus den politischen Diskussionen auf nationaler und europäischer Ebene abgeleitet werden.

Aus der reduzierten Erwerbsbeteiligung älterer Arbeitnehmerinnen und Arbeitnehmer kann das Handeln von Personalverantwortlichen in Betrieben und Verwaltungen folgendermaßen klassifiziert werden:

1. Aus dem Wissen um demographische Veränderungen können nicht automatisch handlungsmotivierende oder gar handlungsdeterminierende Maßnahmen für Personalverantwortliche abgeleitet werden. Die Verantwortung für mittel- bis langfristige Personalveränderungen und das Wissen um die Notwendigkeit von betrieblichen Anpassungsmaßnahmen stehen offensichtlich nicht in einer direkten Beziehung zueinander, die sich zwangsläufig in einer alternativen Personalsteuerung von Betrieben und Verwaltungen widerspiegeln.
2. Aus dem Wissen um die Notwendigkeit von Anpassungsmaßnahmen in der Personalsteuerung kann weder die Fertigkeit von Personalverantwortlichen abgeleitet werden, diese Maßnahmen einzuleiten noch die Kompetenz, die Steuerung zu einer neuen Kultur des innerbetrieblichen und außerbetrieblichen Lernens. Es stellt sich zumindest die Frage, ob die Personalverantwortlichen in den Betrieben und Verwaltungen die notwendigen Kompetenzen hervorbringen werden, die betrieblichen Auswirkungen des Demographischen Wandels durch ein entsprechendes Management zu bewältigen?
3. Es muss die Frage gestellt werden, ob die Personalverantwortlichen in den Betrieben und Verwaltungen überhaupt die notwendigen Kompetenzen haben, um die betrieblichen Anpassungsmaßnahmen zu steuern, die sich aus dem Demographischen Wandel ergeben? Es könnte sein, dass die geragogischen Handlungsvoraussetzungen, sowie die förderlichen Merkmale der Beziehungsgestaltung zu älteren Arbeitnehmern, zunächst Gegenstand des Lernens für die Personalverantwortlichen selbst werden müssen.

2.3 Lernen als Schlüssel für die Zukunftsfähigkeit von Betrieben und Verwaltungen

Für die Personalverantwortlichen lässt sich sogar insoweit das Wissen um die besondere Situation älterer Arbeitnehmer belegen, als dass sie

Präferenzen für konkrete Maßnahmen der Unterstützung für den Übergang von der Berufswelt in die Lebensphase Alter fordern. Dies belegt abermals die Befragung von Personalverantwortlichen im Kreis Borken durch die Europäische Senioren-Akademie.

Neben einer besonderen Selbstverantwortung bei den älteren Mitarbeiterinnen und Mitarbeitern für konkrete Maßnahmen zur Unterstützung beim Übergang Beruf-Alter, fordern Personalverantwortliche insbesondere Bildungsträger auf, durch Lernen auf die neue Lebensphase vorzubereiten. Wenngleich die Personalverantwortlichen an dieser Stelle insbesondere die Vorbereitung auf den Ruhestand gemeint haben, wäre die durch das Lernen entstehende Ressource von Potentialen älterer Mitarbeiterinnen und Mitarbeiter für den Betrieb als Ergebnis dieses Lernens noch abschließend zu bewerten.

Das heißt, wenn ältere Mitarbeiterinnen und Mitarbeiter vom Lernen am Übergang Beruf-Alter profitieren, stellt sich gleichzeitig die Frage, ob und inwieweit Betriebe an diesem Lernerfolg partizipieren können? Anders ausgedrückt: Wenn Lernen am Übergang Beruf-Alter sinnvoll ist, warum dann eigentlich nur für ältere Arbeitnehmer und nicht für den Beruf und den Betrieb beziehungsweise die Verwaltung?

	Verwaltungen	Betriebe
Arbeitgeber	7	6
Bildungsträger	9	5
Gewerkschaften	2	3
Sozialversicherungsträger	2	9
Wohlfahrtsverbände	1	3
Betroffener selbst	11	13

Tab. 2: Verantwortung für Maßnahmen der Unterstützung beim Übergang Beruf-Alter (Mehrfachnennungen waren möglich) Quelle: Europäische Senioren-Akademie. Zur Situation älterer Arbeitnehmer im Kreis Borken. Im Auftrag des Netzwerkes AMPEL (www.europaeische-senioren-akademie.de).

Aus geragogischer Perspektive kann Lernen am Übergang Beruf-Alter für die Beziehungen zu älteren Arbeitnehmern und für das betriebliche Milieu verschiedene Effekte haben und fördern:

- Lernen als Handlungsprinzip und Maßnahme für die betriebliche Beziehungsgestaltung von älteren Arbeitnehmern und zu älteren Arbeitnehmern.
- Ableitung von Potentialen und Kompetenzen älterer oder ehemaliger Mitarbeiterinnen und Mitarbeiter zur betrieblichen Nutzung (Patenschaften für Lehrlinge, Nutzung von nachberuflichem Wissen und Erfahrungen, nachberufliche punktuelle betriebliche Einbindung).
- Ableitung von Potentialen und Kompetenzen älterer Mitarbeiterinnen und Mitarbeiter, die den Verbleib im Betrieb fördern und sichern.
- Förderung einer neuen betrieblichen Lernkultur, die klassische Zuweisungen von Leistungsmerkmalen überwindet und generationsübergreifende Kooperationen von Mitarbeitern gestaltet.
- Förderung einer betrieblichen Lernkultur, die als Handlungsprinzip das Lebenslange Lernen bei der Belegschaft verinnerlicht.

Bei der Betrachtung von Leistungsmerkmalen, die durch Personalverantwortliche jungen und älteren Mitarbeitern zugewiesen werden, lässt sich eine differenzierte Bestandsaufnahme ableiten, die für Personalverantwortliche offensichtlich handlungsanleitend ist. Dieser These liegt die Vermutung zu Grunde, dass wenn Personalverantwortliche nachfolgende Zuschreibungen definieren, sie sich auch in ihren Personalentscheidungen von motivierenden Einschätzungen leiten lassen, die diesen Zuschreibungen entsprechen. Wenn dieser Zusammenhang richtig ist, belegt die Untersuchung der Europäischen Senioren-Akademie, dass die zugeschriebenen Leistungsmerkmale jüngerer und älterer Mitarbeiter für Betriebe und Verwaltungen die Zukunftsfähigkeit deutlich einschränken und behindern.

Die Befragung der Personalverantwortlichen basiert auf der Zuschreibung konkreter Leistungsmerkmale zu jüngeren und älteren Mitarbeitern. Damit spiegeln die Ergebnisse nicht zwangläufig die tatsächlichen Kompetenzen älterer und jüngerer Mitarbeiter der befragten Betriebe wider. In jedem Fall jedoch spiegeln sie das Milieu und die Verhaltenserwartungen von Personalverantwortlichen in den Betrieben wider und sind damit als soziale Tatsache und Bestandteil der betrieblichen Realität zu deuten.

Geragogik – Zum Wandel der gesellschaftlichen Beziehungsgeflechte 119

Leistungsmerkmale	Verwaltungen und Betriebe im Kreis Borken		
	eher junge Mitarbeiter	eher alte Mitarbeiter	junge und alte Mitarbeiter
Berufspezifische Kenntnisse	6	23	0
Motivation, Arbeitsmoral	10	19	1
Identifikation mit Zielvorgaben	12	17	1
Besonnenheit	1	24	0
Erfahrung	1	26	0
Flexibilität	25	2	0
Innovationsfähigkeit	24	3	1
Kreativität	23	4	1
Leistungswille	14	11	1
Nutzung neuer Produktionstechniken	24	1	1
Produktivität	16	6	1
Selbständigkeit	4	22	1
Soziales Engagement	4	24	1
Toleranz	9	19	1
Verantwortung	6	22	1

Tab. 3: Leistungsmerkmale junger und alter Mitarbeiterinnen und Mitarbeiter im Kreis Borken
Quelle: Europäische Senioren-Akademie. Zur Situation älterer Arbeitnehmer im Kreis Borken. Im Auftrag des Netzwerkes AMPEL (www.europaeische-senioren-akademie.de).

Allgemein lassen sich auch aus vergleichbaren Untersuchungsergebnissen Folgerungen ableiten, die belegen, dass ältere Mitarbeiter nicht weniger leistungsfähig, sondern anders leistungsfähig sind und über besondere Leistungsmerkmale verfügen, die jüngeren Mitarbeitern nicht zugeschrieben werden.

Ohne Zweifel bedeuten die Ergebnisse für die Zukunftsfähigkeit von Verwaltungen und Betrieben im Kreis Borken, dass ältere und jüngere Mitarbeiter in Lernarrangements eingebunden werden müssen, welche die einseitigen Zuschreibungen von Leistungsmerkmalen reduzieren und aufbrechen. Sollte dieses nicht gelingen, würde sich mit der Reduzierung der jüngeren Belegschaft auch die Ausprägung der Leistungsmerkmale jüngerer Mitarbeiter reduzieren.

Das würde in der Logik unserer Untersuchung auf Betriebe im Kreis Borken hinauslaufen, die über weniger Flexibilität, Innovationsfähigkeit, Kreativität verfügen würden und in einem reduzierten Maße neue Produktionstechniken nutzen würden. Zeitgleich käme es zu einer Stärkung von Besonnenheit, Erfahrung, Selbständigkeit, Verantwortung und sozialem Engagement in den Unternehmen und Verwaltungen durch die steigende Anzahl und den steigenden Anteil älterer Mitarbeiter an der Belegschaft.

Eine derartige Zukunftsbeschreibung kann sich weder eine regionale noch nationale Wirtschaft leisten. Vor diesem Hintergrund bedarf es eines umfassenden Wandels des betrieblichen Milieus und des Austausches von Leistungsmerkmalen jüngerer und älterer Mitarbeiter. Es bedarf generationsübergreifender Zuweisungen von Leistungsmerkmalen und eines Wandels der Kompetenzen jüngerer und älterer Mitarbeiter, die sich hinter diesen Leistungsmerkmalen darstellen ließen.

Geragogik, generationsübergreifendes Lernen und das Lebenslange Lernen älterer Mitarbeiter muss vor diesem Hintergrund zu einer betrieblichen Maßnahme der Zukunftssicherung überhaupt werden. Den heutigen Betrieben bleibt nur die Chance, parallel zur Bevölkerungsentwicklung, das betriebliche Milieu neu zu gestalten und die heutige Verankerung altersspezifischer Leistungsmerkmale durch Lernen zu reformieren. Ein Beitrag hierzu könnte eine Lernkultur schaffen, die durch geragogisch definierte Lernarrangements alternative Handlungsmotive in der älteren Belegschaft fördert und durch generationsübergreifendes Lernen gleichzeitig bei Jüngeren verankert.

Auch wenn es sich vor dem Hintergrund der aktuellen Arbeitsmarktsituation seltsam anhören mag: Ältere Mitarbeiter, ihre Ressourcen, Kompetenzen und ihre Bereitschaft zu Lernen werden zunehmend in das Zentrum der Personalpolitik und Personalsteuerung treten und den betrieblichen und sozialen Status älterer Mitarbeiter verändern. Die hierfür zu entwickelnde Geragogik muss gekennzeichnet sein durch Anreize zum Lebenslangen Lernen und durch generationsübergreifende Lernkontexte, damit die Belegschaften in Verwaltungen und Betrieben ausreichend zukunftsfähig transformiert werden können.

3 Geragogik als Beitrag zum Wandel der Altenpflege

Die Lebensphase Alter wurde insbesondere durch Laslett weiter differenziert. Neben der Kindheit definierte dieser eine zweite Lebensphase als Zeit der Unabhängigkeit, Reife und Verantwortung (Laslett 1995: 35). Laslett definiert die dritte Altersphase als Lebenszeit, die auf Freiheit zielt und Möglichkeiten bietet, persönlichen Interessen nachzugehen und sich selbst zu verwirklichen. Von diesen Möglichkeiten unterscheidet sich bei Laslett eine vierte Lebensphase, die er als Zeit der unabänderlichen Abhängigkeit, der Altersschwäche und des Todes bezeichnet.

Die von Laslett definierte dritte und vierte Altersphase umfasst die in diesem Text vertretene Lebensphase Alter und vermeidet jede weitere Differenzierung zwischen positiven Merkmalen der dritten Altersphase, die wahrscheinlich den so genannten »Jungen Alten« vorbehalten sind, und dem vierten Alter. Letzteres drückt hierbei negative Merkmale aus und entspricht der klassischen Defizitorientierung des Alters, das von permanenten und unwiederbringlichen Kompetenzeinbußen und Einschränkungen ausgeht.

Dieser Darstellung ist entgegen zu halten, was die Geragogik, die Altenpflege und die Lebenswirklichkeit längst belegt haben, dass Entwicklungspotentiale, die auf die Verwirklichung persönlicher Interessen und Freiheiten zielen, auch in Lebenskontexten einer unabänderlichen Abhängigkeit erlebt werden können. Selbst bei der Begleitung sterbender alter Menschen lassen sich Entwicklungspotentiale belegen, die durch Gespräche am Lebensende persönliche Freiheit bedeuten können und Belastungen negieren, die die Biografien häufig geprägt haben. Die Begleitung des Alters und Alterns an dieser Stelle belegt, dass Entwicklungspotentiale durch die entsprechende geragogische Haltung und Förderung belegbar und gerade im Umgang mit Kompetenzeinbußen von umfassender Bedeutung sind. Das gilt insbesondere für Einbußen, die eine unabänderliche Abhängigkeit bedeuten können, bei denen parallel oder motiviert durch eine unabänderliche Abhängigkeit, zum Beispiel einer Mobilitätseinschränkung, einer Seh- oder Hörbehinderung, alternative Formen der Auseinandersetzung mit der Umwelt entstehen und zu neuen Entwicklungspotentialen führen. So kann beispielsweise eine besondere Motivation zum Lesen oder Schreiben durch eine Mobilitätseinschränkung in der Nutzung der EDV und der Kommunikation durch das Internet neue Formen der Freiheit und Selbstverwirklichung bewirken. Andere Abhängigkeiten können das Motiv und Potential für weitere Entwicklungen sein. Die von Laslett hergeleitete Unterscheidung einer dritten und vierten Lebensphase im Alter wird durch die Förderung, Begleitung und Pflege alter Menschen mit Kompetenzeinbußen widerlegt.

Aber welche Bedeutung kommt der Geragogik in der Altenpflege beziehungsweise in den stationären Einrichtungen heute zu? Welche Relevanz hat geragogisches Handeln und von wem geht eine geragogische Förderung pflegebedürftiger alter Menschen in der Altenpflege aus?

Diese Fragestellungen sehen auf den ersten Blick eindeutiger aus, als dies eine nähere Betrachtung ergibt. Letztlich zielen diese Fragen auf die Differenzierung von Beiträgen, Anforderungen und Gegenstandsbereichen, die einerseits an die Altenpflege und Pflegewissenschaften gestellt werden beziehungsweise von ihr ausgehen, andererseits durch Geragogik und geragogisches Handeln geleistet werden.

Welche Aufgabenstellung bleibt eigentlich der Geragogik, wenn die Pflegebegriffe, -modelle und -theorien eine zunehmend ganzheitliche Orientierung an die Bedarfslagen und Bedürfnisse des zu Pflegenden in den Mittelpunkt der pflegerischen Bemühungen stellt, und damit neben körperlichen auch soziale und personale Anforderungen als Pflegehandlung definiert?

Insofern die Pflegewissenschaften und die Altenpflege ihre Handlungsmotivation und Begründungszusammenhänge zu recht nicht mehr ausschließlich an das körperliche Wohlergehen pflegebedürftiger (alter) Menschen koppelt, ist der Gegenstandsbereich der Pflege nicht auf eine naturwissenschaftlichen Ansatz zu reduzieren. So begreift Parse beispielsweise Pflege als einen zwischenmenschlichen Prozess, der die Lebensqualität verbessern soll (Parse 1987). Für Neumann orientiert sich die Pflege an der gesamten Person. Durch zielgerichtete Aktionen wird den Individuen, Familien und Gruppen geholfen, ein maximales Wohlbefinden zu erfahren (Neumann 1989). Bei derartig umfassenden Ansätzen kommt die Frage auf, ob die Geragogik in der Altenpflege überhaupt noch von Bedeutung ist?

Die Antwort hierauf leitet sich sowohl aus Zusammenhängen der Wirklichkeit des Pflegewesens in der deutschen Altenpflege ab, in der sich die konkreten Pflegearrangements und Pflegesituationen realisieren, als auch aus der Sozialgerontologie und Geragogik selbst: Die Beziehungsgestaltung zu pflegebedürftigen alten Menschen hat eine andere Qualität, wenn der Pflegende in Personalunion die körperlichen Defizite und Ressourcen als handlungsmotivierenden Ausgangspunkt seiner Bemühungen definiert und zusätzlich den personalen und sozialen Bedürfnissen und Bedarfslagen förderlich begegnet. Hierbei ist es wichtig zu erkennen, dass sich körperliche, soziale und personale Bedürfnisse und Bedarfslagen im Handeln realisieren und damit in der Beziehungsgestaltung des Pflegenden und Gepflegten manifestieren. Die Bedarfslagen und Bedürfnisse stehen hierbei im unmittelbaren Zusammenhang mit Einschränkungen und Entwicklungspotentialen, die aus den Kompetenzeinbußen abzuleiten sind, die als ursächlich für die Pflegebedürftigkeit zu betrachten sind.

Die Zuständigkeit für körperliche, soziale und personale Einbußen und Entwicklungspotentiale, so die hier vertretene These, kann in den Pflegearrangements der Altenpflege auch einschränkend wirken und hinderlich sein. Die Zuständigkeit für zum Beispiel Inkontinenzprobleme und die gleichzeitige Förderung der personalen und sozialen Potentiale und Bedürfnisse eines alten Menschen kann hinderlich wirken. Die Nähe zur Körperlichkeit kann sich beispielsweise auf die personalen und sozialen Beziehungskontexte übertragen, obwohl das Bedürfnis des Pflegebedürftigen vielleicht eher einer spezifischen Distanz entsprechen würde. Wenn die körperlich orientierten Handlungsabläufe die Beziehungsgestaltung determinieren, entsteht durch Übertragungen des Pflegenden und Gepflegten eine Gleichschaltung, die dem Lebensstil des pflegebedürftigen alten Menschen nicht entspricht oder nicht entsprechen muss. Nehmen pflegebedürftige alte Menschen begrenzte zeitliche Ressourcen der Pflegenden wahr, könnte das die Akzeptanz der dargestellten Übertragungen fördern, damit die pflegerischen Handlungsabläufe unproblematisch erfolgen können. Auch als pflegebedürftiger alter Mensch lernt man schnell, welche Verhaltenserwartungen der Pflegesituation entsprechen (de Vries 2005).

Eine bedarfs- und bedürfnisgerechte Beziehungsgestaltung, die den oben genannten Pflegekategorien und den Merkmalen einer geragogischen Beziehungsgestaltung entsprechen würden, stehen derartigen Pflegearrangements und Formen der Beziehungsgestaltung diametral gegenüber. Geragogisches Handeln, das die Förderung personaler und sozialer Entwicklungspotentiale in den Mittelpunkt stellt, wirkt hier nicht nur ergänzend, sondern kann den Zugang zum pflegebedürftigen alten Menschen erschließen, der im Pflegearrangement der Altenpflege nicht erschlossen werden kann.

Die Zuständigkeit für körperliche, personale und soziale Bedarfslagen und Bedürfnisse kann aber auch defizitär erscheinen, wenn die arbeitsteilige Rationalität des Pflegewesens, durch den Mangel an Mitarbeitern, die personalen und sozialen Bedarfslagen nicht hinreichend decken kann. Hier kann die arbeitsteilige pflegerische Versorgung, die körperlich orientierten Pflegeleistungen durch Vorbehaltsaufgaben der Pflegenden und an ihre besonderen Qualifikationen koppelt, problematisch wirken. Die Vorbehaltsaufgaben von Pflegefachkräften und Pflegehilfskräften reduzieren die Potentiale der Beziehungsgestaltung zum pflegebedürftigen alten Menschen in den Pflegearrangements der Altenpflegeeinrichtungen. Die Begegnungen der zu Pflegenden sind somit auch an pflegerische Verrichtungen gekoppelt und nicht an eine geragogische oder eigentlich pflegerische Beziehungsgestaltung. Die Tatsache, dass ungefähr die Hälfte der Mitarbeiter in den stationären Altenpflegeeinrichtungen keinen qualifizierten Abschluss haben, grenzt sie für viele körperliche Pflegeleistungen aus und reduziert damit die Potentiale der Beziehungsgestaltung in den Wohnbereichen. Gleiches gilt für die andere Hälfte der qualifizierten Mitarbeiter, die zum Beispiel durch die »Behandlungspflege« an spezifische Pflegeleistungen für konkrete Bewohner der Einrichtungen »gebunden« sind. Diese Vorgaben reduzieren die Möglichkeiten des geragogischen Handelns und schwächen die Potentiale einer teamorientierten Altenpflege.

Man könnte die These aufstellen, dass die Pflegewissenschaften sich geragogische Aufgabenstellungen in der Pflege alter Menschen gegeben haben, die sich (heute) in den Pflegearrangements der Altenpflege wenig realisieren lassen. Die Begründungszusammenhänge hierfür liegen beispielsweise in der Organisationsstruktur und in den begrenzten Ressourcen an Zeit und qualifizierten Pflegemitarbeitern. Zu diskutieren und zu belegen aber bleibt, ob die pflegerische Zuständigkeit für das körperliche Wohlergehen einerseits, und die Zuständigkeit für die personalen und sozialen Bedarfslagen und Bedürfnisse andererseits, eine vergleichbare Qualität in der Beziehungsgestaltung hervorbringen kann, wie dies eine geragogisch orientierte Lebensbegleitung pflegebedürftiger alter Menschen in Pflegeeinrichtungen realisieren könnte. Mit diesen Überlegungen soll keineswegs behauptet werden, dass die Handlungsmotivationen der Altenpflege und Pflegewissenschaften einzuschränken sind. Es bleibt aber zu hinterfragen, ob neben der Pflegehandlung eine geragogisch orientierte Beziehungsgestaltung notwendig ist, die Entfaltungspotentiale bewirkt, die weder durch die noch in den heutigen Pflegesituationen entstehen können.

3.1 Geragogik und soziale Betreuung in der Altenpflege

Eine Untersuchung der Europäischen Senioren-Akademie belegt, dass die Handlungsabläufe der stationären Altenpflege wahrscheinlich nicht nur die pflegerischen Handlungsabläufe, sondern auch ihre geragogischen Anteile beeinträchtigen. Auch die soziale Betreuung durch Mitarbeiter des Sozialen Dienstes, die meist nicht aus Pflegekräften bestehen, ist unzureichend geragogisch orientiert. Für diese Annahme sprechen die Ergebnisse der Untersuchung der sozialen Betreuung, bei der die Tätigkeitsmerkmale von 15 Mitarbeitern des Sozialen Dienstes stationärer Einrichtungen analysiert worden sind.

In dieser Untersuchung wurde durch die Selbstbeobachtung von Sozialarbeitern, Sozialpädagogen, Altentherapeuten, Tanztherapeuten, Theologen, Erziehern, Pflegekräften und weiteren Professionen festgestellt, dass die Begleitung alter Menschen in den Einrichtungen eine besondere Beziehung zu den einzelnen Qualifikationen, Neigungen und Kompetenzen der Mitarbeiter des Sozialen Diensten aufweisen. Das bedeutet, dass bei vergleichender Betrachtung der Tätigkeitsmerkmale der Mitarbeiter und der Alltags- und Freizeitgestaltung in den Altenpflegeeinrichtungen, Situationen hervorgebracht werden, die zum Beispiel beim Tanztherapeuten zum Tanzen und beim Theologen zum besonderen Schwerpunkt der Altenseelsorge führen. Für sich betrachtet könnte die Vielfalt hier eine besondere Qualität hervorbringen. Die Wirklichkeit sieht bedauerlicherweise jedoch so aus, dass die besonderen Neigungen der Mitarbeiter in einzelnen Einrichtungen beziehungsweise Wohnbereichen absolut wirken, das heißt die besondere Zuständigkeit der Mitarbeiter für konkrete Bewohnergruppen oder Einrichtungen bedeutet, dass die soziale Betreuung weitgehend einseitig gestaltet ist.

Der oben definierte Anspruch der ganzheitlichen geragogischen und pflegerischen Beziehungsgestaltung lässt die Entfaltung eines Bewohners mit Kompetenzeinbussen hier offensichtlich wenig zu, weil die pflegerische Versorgung und soziale Betreuung in den Einrichtungen eine belegbare Einseitigkeit in der Beziehungsgestaltung bewirkt. Damit erscheint die soziale Betreuung in den Einrichtungen unzureichend an den Bedürfnissen und Neigungen der Bewohner adaptiert: Es kann nicht sein, dass Bewohner in Wohnbereichen und Einrichtungen, die von Tanztherapeuten begleitet werden, zufällig besonders und intensiv tanzen möchten, während bei einer theologischen Begleitung eine weitgehende Ausschließlichkeit in Kontexten der religiösen Hinwendung entsteht. Andere berufliche Qualifikationen und Neigungen haben weitere Handlungsschwerpunkte hervorgebracht.

3.2 Geragogische Handlungsorientierung in der Altenpflege

Damit stellt sich die Frage, was eine geragogische Orientierung in der Altenpflege und in stationären Einrichtungen der Altenpflege verändern kann? Die geragogische Orientierung und Haltung ist kompetenzorientiert. Hierbei scheint einiges dafür zu sprechen, neben den eigentlichen Pflegearrangements, eine Beziehungsgestaltung zu realisieren, die nicht medizinisch-pflegerisch determiniert ist und die die körperlichen Kompetenzen oder deren Einbußen nicht überbetont. Das bedeutet, es müsste eine förderliche Beziehungsgestaltung zu und durch Geragogen wirken, die wesentlich an den personalen und sozialen Kompetenzen und Bedürfnissen alter Menschen orientiert ist. Dies schließt die Notwendigkeit der Hinwendung der heutigen pädagogischen Mitarbeiter des Sozialen Dienstes zur Geragogik mit ein.

Bleibt noch die Frage zu klären, wie eine geragogische Orientierung entsteht und zu einer förderlichen Beziehungsgestaltung werden kann? Die geragogische Orientierung in der Altenpflege fördert Entfaltungspotentiale älterer Menschen. Diese Entfaltungspotentiale realisieren sich aus oben genannten Gründen wahrscheinlich nicht nur durch die Berücksichtigung von pflegerisch erkannten Ressourcen. Es könnte sein, dass eine Beziehungsgestaltung durch eine Begegnung mit pflegebedürftigen alten Menschen in der Einrichtung vor allen dann Potentiale freilegt, wenn der Bewohner nicht aus dem Blickwinkel seiner Pflegebedürftigkeit betrachtet wird. Die Pflegebedürftigkeit determiniert ausschließlich seine Lebenslage, die ihn mit anderen Bewohnern der Altenpflegeeinrichtung gleichstellt. Die Betrachtung seines biografisch geprägten Lebensstils und die daraus resultierenden besonderen personalen und sozialen Kompetenzen könnten für die Beziehungsgestaltung aber wesentlich hilfreicher sein. Diese besonderen Kompetenzen versteht der Geragoge aber nur, wenn er sich auf die Konstitution des biografisch geprägten Lebensstils einlassen kann, was zwingend zur Notwendigkeit führt, sich mit der Lebenswelt alter Menschen auseinander zu setzen. Damit wird die geragogische Arbeit in der Altenpflege zu einem lebensweltorientierten geragogischen Ansatz. Diese Verknüpfung entsteht dadurch, dass Entfaltungspotentiale in der Beziehungsgestaltung nur dann entstehen können, wenn der Geragoge die Welt in der der alte Mensch lebt, das heißt seine Lebenswelt begreift und die daraus ableitbaren personalen und sozialen Kompetenzen und Einschränkungen versteht.

Der lebensweltorientierte geragogische Ansatz versteht die Lebenswelt alter Menschen somit als ihre selbstverständliche Wirklichkeit. Es ist der Ort, an dem sich das Individuum »zu Hause« fühlt (Thiersch 1993: 143).

Die Akzeptanz dieser Lebenswelt eines erwachsenen Menschen, der Kompetenzeinbußen haben mag, die ihn in die Lebenslage der Pflegebedürftigkeit versetzt haben, ist für die geragogische Haltung konstitutiv.

Für die Lebenswelt alternder Menschen lässt sich eine besondere Vielschichtigkeit, die durch ihre umfassende Lebenszeit bedingt ist, als zentrales Charakteristikum feststellen:

Alternde Menschen geben ihrer Lebenswelt durch ihre Bewegungen, Emotionen, Erfahrungen, Handlungen, Kommunikation, Kreativität, Perspektiven, Phantasien, Sinn, Wahrnehmungen und Wissen eine Gestalt. Die Bewegungen des Körpers alternder Menschen basieren auf Erfahrungen und Wissen, die eine individuelle Haltung begründen. Die emotional kognitiven Haltungen sind häufig umfassend und tief geprägt. Häufig erschließt auch die Auseinandersetzung mit einzelnen geschichtlichen Epochen, die konkrete Ausprägung von lebensweltlichen Bezügen. Die hochaltrigen Bewohner heutiger Pflegeeinrichtungen leiten emotionale Bezüge und die Wahrnehmung von heutigen Alltagsbezügen, häufig vor dem Hintergrund zahlreicher Entbehrungen der Weltkriege ab. Diese Bezüge und Hintergründe sind konstitutiv für die spezifische Kommunikation. Die Perspektiven ergeben sich nicht allein durch die verbleibende Lebenszeit, sondern realisieren sich vor dem Hintergrund des umfassenden Fundus der Erfahrungen, der Kreativität und der Phantasien. Gerade die besondere Wahrnehmung der Gegenwart und Zukunft vollzieht sich auf dem Fundament der biografischen Erfahrungen alternder und pflegebedürftiger Menschen.

»Die hier aufscheinende Vielschichtigkeit von Lebenswelten ist die möglicherweise wichtigste Koordinate im weiten Feld beruflicher Pflege« (Scheffel 2000: 63) und der sozialen Betreuung. Die Variabilität der unterschiedlichen und einzigartigen lebensweltlichen Bezüge macht die emphatische Hinwendung zum pflegebedürftigen Bewohner zur herausragenden Aufgabenstellung der Betreuung.

4 Schlussbetrachtung

Die durch den Demographischen Wandel entstehende Transformation der gesellschaftlichen Beziehungsgeflechte motiviert, über die Verhaltenserwartungen und Handlungsabläufe bei alternden Belegschaften in den Betrieben und in der Altenpflege, neue Akzente zu setzen. Die Integration geragogischer Ansätze ist geeignet, den Status quo des betrieblichen Milieus und der Altenpflege mit neuen Augen zu sehen und eine förderliche Beziehungsgestaltung zu älteren Mitarbeiterinnen und Mitarbeitern und pflegebedürftigen alten Menschen in Betrieben und stationären Einrichtungen der Altenpflege zu integrieren. Hierbei geht die Geragogik immer vom förderlichen Umgang mit einem erwachsenen Menschen im höheren Lebensalter aus und reduziert das Individuum weder auf einen unproduktiven älteren Mitarbeiter in der Belegschaft, noch auf die Pflegebedürftigkeit eines Heimbewohners. Es bleibt letztlich abzuwarten, ob geragogisches Denken in Betrieben und Altenpflegeheimen eine Chance erhält, die bestehenden Beziehungsgeflechte zu fördern. Insofern jedoch die herkömmliche Beziehungssteuerung und -gestaltung offensichtlich und aus den verschiedenen dargestellten Zusammenhängen heraus umfassend reformbedürftig ist, können Altenheime und Betriebe durch geragogisches Denken nur gewinnen.

5 Literatur

Bundesregierung (Hg.) (2005): Lebenslagen in Deutschland. Der 2. Armuts- und Reichtumsbericht der Bundesregierung. Gesellschaft und Demographie

Deutscher Bundestag (Hg.) (2002): Schlussbericht der Enquête-Kommission »Demographischer Wandel – Herausforderungen unsrer älter werdenden Gesellschaft an den Einzelnen und die Politik«. Drucksache 14/8800. Köln: Bundesanzeiger

Ehmer, Josef (1990): Sozialgeschichte des Alters. Frankfurt a. M.: Suhrkamp

European Commission (2002): Employment in Europe 2002. Recent Trends an Prospects. Brüssel

Kommission der Europäischen Gemeinschaften (2001): Beurteilung der Umsetzung der beschäftigungspolitischen Leitlinien 2001. SEK (2001) 1998. Brüssel

Laslett, Peter (1995): Das Dritte Alter. Historische Soziologie des Alters. Weinheim; München: Juventa

Mikrozensus 2000: Zitiert nach: Deutscher Bundestag (Hg.) (2002): Schlussbericht der Enquête-Kommission »Demographischer Wandel – Herausforderungen unsrer älter werdenden Gesellschaft an den Einzelnen und die Politik«. Drucksache 14/8800. Köln: Bundesanzeiger. 61

Neumann, B. (1989): The Neumann systems model. In: Appleton & Lange. Norwalk

Parse, R. (1987): Nurcing science: Major paradigms, theories an critiques. In: Saunders, W. B.: Phinadelphia

Risch, B. (2005): IHK-Studie zur Bevölkerungsentwicklung – Damit wir morgen nicht alt aussehen. Wirtschaftsspiegel. Nr.5/2005

Scheffel, Friedhelm (2000): Lebenswelt in der Pflege. Anforderungen an die berufliche Pflege. Lage: Jacobs

Schütz, Alfred (1974): Der sinnhafte Aufbau der sozialen Welt. Frankfurt a. M.: Suhrkamp

Tews, Hans Peter (1993): Neue und Alte Aspekte des Strukturwandels. In Naegele, Gerhard; Tews, Hans Peter (Hg.): Lebenslagen im Strukturwandel des Alters: Alternde Gesellschaft – Folgen für die Politik. Opladen: Westdeutscher Verlag. 21f

Veelken, Ludger (2000): Geragogik: Das sozialgerontologische Konzept. In: Becker, Susanne; Veelken, Ludger; Wallraven, Klaus-Peter (Hg.): Handbuch Altenbildung. Theorien und Konzepte für die Gegenwart und Zukunft. Opladen: Leske und Budrich. 88

de Vries, Bodo (1996): Die suizidale Konstruktion der Wirklichkeit alter Menschen. In: de Vries, Bodo: Suizidales Verhalten alter Menschen. Hamburg: Verlag Dr. Kovac

de Vries, Bodo (2005): Handlungstheoretische Grundlagen – Die Typisierung von Handlungsabläufen und die Zuweisung von sozialen Rollen und Rollentypologien innerhalb einer Institution. In: Poser, M.; Schneider, Kordula: Leiten, Lehren und Beraten. Fallorientiertes Lehr- und Arbeitsbuch für Pflegemanager und Pflegepädagogen. Zürich: Huberverlag. Erscheint im August 2005

Autorinnen und Autoren

Ludger Veelken: Prof. (i. R.); Dr. päd.; Dipl.-Theol.; geb. 1938; Professor für Soziale Gerontologie und Geragogik an der Universität Dortmund; Leiter des Weiterbildenden Studiums für Seniorinnen und Senioren an der Universität Dortmund; Mitglied in verschiedenen wissenschaftlichen Beiräten und Kuratorien gerontologischer und geragogischer Institute und Einrichtungen; Mitglied im Aufsichtsrat der Europäischen Senioren-Akademie (ESA), Ahaus; Ehemaliger Chair des International Consortium for Intergenerational Programmes (ICIP); Tätigkeitsschwerpunkte: Lebenslanges Lernen, intergenerationelle Programme im interkulturellen Kontext.

Silvia Gregarek: Dipl.-Päd.; Dipl.-Soz. Päd.; geb. 1960; Studium der Sozialpädagogik in Münster; Studium der Erziehungswissenschaft in Dortmund; Wissenschaftliche Mitarbeiterin der Arbeitsstelle für Spielforschung und Freizeitberatung und Lehrbeauftragte im Fachbereich Sozialpädagogik der Fachhochschule Dortmund; Kulturreferentin im Kulturforum Türkei/Deutschland, Köln; Projektmanagement im Bildungsnetzwerk AMPEL, Berufsbildungsstätte Westmünsterland (BBS), Ahaus; Wissenschaftliche Mitarbeiterin im Kompetenzzentrum Übergang Beruf-Alter der Europäischen Senioren-Akademie (ESA), Ahaus; Arbeitsschwerpunkte: Soziale Gerontologie, Geragogik, interkulturelles und intergenerationelles Lernen.

Bodo de Vries: Dr. rer. soc.; Dipl.-Soz. Wiss; geb. 1964; Pflegeerfahrung in der deutschen und französischen Altenpflege; Beratung, Lehre, Projektmanagement und Forschung im Bereich der Altenhilfe; Lehrbeauftragter; Leiter der Europäischen Senioren-Akademie (ESA), Ahaus; Leiter des Europäischen Instituts für Geragogik, Lebensweltbegleitung und Pflegeforschung der ESA, Ahaus; Mitarbeiter im Kompetenzzentrum Übergang Beruf-Alter der ESA, Ahaus; Arbeitsschwerpunkte: Alternative Wohn- und Lebensformen für Menschen mit Demenz, Geragogik in Betrieben, Geragogik in der Altenpflege, Vergleichende Analysen der pflegerischen Versorgung in Europa.

Ludger Veelken
Reifen und Altern
Geragogik kann man lernen
1. Auflage 2003, 156 Seiten, Broschur 21 x 14 cm,
ISBN 3-89896-158-3, 18,50 Euro

Die gegenwärtige Lerngesellschaft ist eine alternde Lerngesellschaft. Ihr Kennzeichen in Bildungs- und Kulturarbeit ist lebenslanges Lernen.
Geragogik – als Vernetzung von Bildungs- und Kultursoziologie, Gerontologie und Erziehungswissenschaft – entwickelt den theoretischen Rahmen für generationsübergreifendes Lernen.

Schwerpunkte des Buches sind u. a.: Stellung der Geragogik innerhalb der Gerontologie, Sozialisation und Identität, Theorie und Praxis intergenerationellen Lernens, Methoden der Geragogik und Empfehlungen zum eigenen Lernen.
Das Buch wendet sich an Lehrende und Lernende, Ehren- und Hauptamtliche in Bildungs- und Kulturarbeit mit älteren Menschen und an Ältere selbst, die ihr Altern als Reifen verstehen.

»Angesichts des ständig grösser werdenden Anteils älterer Menschen, die auch in ihrer nachberuflichen Phase einer sinnvollen Tätigkeit nachgehen wollen, können Publikationen wie diese nicht hoch genug geschätzt werden.«
Information 2/04 der Schweizerischen Gesellschaft für Gerontologie

ATHENA Verlag
Verlag für Literatur und Wissenschaft
Mellinghofer Straße 126 46047 Oberhausen
Telefon 0208 871505 Telefax 0208 871547
E-Mail info@athena-verlag.de
Besuchen Sie uns im Internet: www.athena-verlag.de

ATHENA